世界でいちばん素敵な

神話の教室

The World's Most Wonderful Classroom of Mythology

ギリシア神話の海神ポセイドンの像

はじめに

神話を幼稚なおとぎ話のように思っている方はいないでしょうか。

神話は、先人たちの古い歴史が詰め込まれた物語。
宇宙のはじまりから人間の誕生、
冒険や恋愛、争い、そして世界の終わりまで、
そこにはあらゆるエピソードが描かれています。

ファンタジー小説やアニメ、ゲームなどでおなじみのキャラクター、
さらにゼウス、ジークフリート、アーサー王、ラーといった神々や英雄は
みな神話の登場人物です。
彼らの活躍や言葉は、時代や国を超えて語り継がれているのです。

本書ではギリシア、北欧、ケルト、インド、エジプト、オリエント、
マヤ・アステカ・インカ、中国といった神話を、
美しい写真を見ながら理解できるように作られています。

本書は多神教の神話を軸に、世界の神話の重要なエッセンスのみを厳選して
Q&A形式で解説。遺跡や彫刻などの写真、神話を主題とする絵画などとともに、
世界の神話をビジュアル的にも堪能できる構成となっています。

単なるおとぎ話ではなく、人類の大いなる文化遺産であり、
世界がなぜ、そしていかにしてあるかが最大限の想像力を駆使して綴られた、
興味の尽きないストーリーを心ゆくまでお楽しみください。

蔵持不三也

古代ギリシアを象徴するパルテノン神殿。かつては、この神殿の神室にゼウスの娘アテナの黄金の立像が安置されていたといわれています。

Contents
目次

『プリマヴェーラ（春）』（サンドロ・ボッティチェッリ）。ローマ神話の愛の女神ヴィーナス（ギリシア神話のアプロディテ）を中心に、三美神（左側の3人の女性）、西風のゼフュロス（右端）など、多くの神々が描かれています。

Q

神話はなぜ生まれたの？

A

物事の森羅万象を
説明するためです。

太古の人々は、神話によって、天地・宇宙に存在する、ありとあらゆる物事や現象について理解しようとしました。

それぞれの地域に、
それぞれの神話が伝わっています。

世界各地に、神々と英雄たちの物語である神話が残されています。
それらの神話のなかでは、世界の成り立ちや人間の誕生などが語られています。

神話はどうやって作られたの?

A 多くの人が何千年も語り継ぐことによって作られました。

神話には特定の作者はいません。ある民族や地域のなかで何千年も語り継がれてきた物語が、次第にまとまって
神話となっていきました。

白鬚神社（しらひげじんじゃ、滋賀県）の湖中鳥居。神話は、いまで
も生活のすみずみに息づいています。例えば、私たち日本人が見慣
れた神社の鳥居も、日本の神話の主神・天照大神（あまてらすおお
みかみ）をめぐる「天の岩屋神話」に由来するという説があります。

② 似たような神話が世界各地にあるのはなぜ？

A 民族の移動や交流により、世界中に伝播したことが理由のひとつです。

例えば、ギリシア神話の「オルフェウスの冥府くだり」と日本神話の「イザナギの冥府くだり」は、いずれも死んだ妻を連れ戻すために冥府を訪問する物語で、よく似ています。このように、遠く離れた地域の神話が類似していることは珍しくありません。その理由のひとつは、古代においても人々の交流や情報の伝達が世界規模であったためと考えられています。

『オルフェウスの首を運ぶトラキアの娘』（ギュスターヴ・モロー）。女性たちによって八つ裂きにされて死んだ吟遊詩人オルフェウスの首と竪琴は、レスボス島に流れ着きます。

③ 人間の誕生を、神話ではどう説明しているの？

A 神様が創ったとするものと、神様の子孫とするものがあります。

世界各地の神話に、神様が土や泥から最初の人間を創ったとあります。
いっぽうギリシア神話や日本神話では、基本的に人間は神の子孫であるとされています。

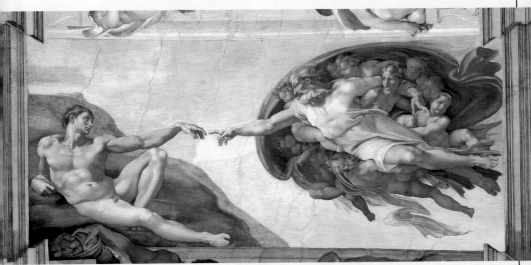

『アダムの創造』（ミケランジェロ・ブオナローティ）。ユダヤ教・キリスト教の正典である旧約聖書には、神様が大地の土を使って最初の人間アダムを創ったとあります。

ギリシア神話

紀元前5世紀に最盛期を迎える古代ギリシア文明。
この文明を形成した都市国家（ポリス）には、
それぞれ独自の伝統や文化、そして神々が存在し、
神々はまるで大家族のように交流していました。
ギリシア神話は、ギリシア文明が衰退したのちも
ローマ時代を経て中世を生き延び、
ルネサンス期の芸術や思想にも大きな影響を与えました。

ギリシア神話のおもな神々

オリュンポス十二神

ゼウス	アレス	ポセイドン
ヘラ	アルテミス	ヘスティア
アテナ	デメテル	（ディオニソス）
アポロン	ヘパイストス	
アプロディテ	ヘルメス	

『ミネルヴァ（アテナ）の誕生』（ルネ＝アンワーヌ・ウアス）。ゼウスの頭部から、知恵と工芸、戦略の女神アテナが完全武装の姿で誕生するところが描かれています。

Q

ギリシア神話で
いちばん偉い神様は？

ギリシア・アテネのゼウス神殿。バルテノン神殿などがあるアクロポリスの麓に位置しています。コリント様式の柱が15本残っていますが、かつては104本もの柱が立ち並んでいたといわれています。

A

ゼウスです。

ギリシア神話には日本でも有名な神様がたくさん登場しますが、ゼウスの名前を知らない人はほとんどいないのではないでしょうか。

ギリシア神話の最高神は、全知全能の存在とされている。

ゼウスは宇宙や天候を支配する天空神であり、神々と人間の両方を守護・支配します。
全世界を破壊できるほど強力な「雷霆」という武器をもっています。

⚡ ゼウスはどうやって最高神になったの？

A 父神を殺して、その地位を奪いました。

ゼウスの父親はクロノスという神様で、はじめはこの神様が世界を支配していました。しかし、ゼウスは兄弟と力を合わせて父を倒し、最高神の座を奪いました。この父子の戦いを「ティタノマキア」といいます。

『ティタン族を滅ぼすゼウス』（ペリーノ・デル・ヴァガ）。クロノスをはじめとする古い神ティタン（巨神）たちに、ゼウス率いるオリュンポス十二神が挑みます。中央で雷霆をもっているのがゼウスです。ティタノマキアは、終結まで10年間かかった大戦争でした。

② ゼウスは、どんな性格なの？

A 女好きです。

ゼウスには、慈悲深い守護者やおそるべき破壊者といった多様な顔がありますが、なんといっても特徴的なのは女好きであることです。ヘラという妻がいながら、さまざまな女神や人間の女性と浮気して、子を成しました。

レダと白鳥（キプロス島で発見されたモザイク画）。スパルタ王の妻レダを見初めたゼウスは、白鳥に化けて近寄り、想いを遂げます。

③ ゼウスを祭る神事について教えて！

A 古代オリンピックがそうです。

古代ギリシアの都市オリンピアは、オリンピック発祥の地です。4年に1度、オリンピア祭典競技が開催され、ゼウスを讃えるためにさまざまな競技が行われました。その祭典は、千年以上続いたと考えられています。

オリンピアのゼウス神殿。「世界の七不思議」のひとつである巨大なゼウス像は、ここに存在していたとされます。

★COLUMN★
神話でめぐる
世界遺産❶

ギリシア神話世界の中心・デルポイ

ギリシアのパルノッソス山の西南麓に位置するデルポイは、ギリシア神話において世界の中心と見なされていました。ゼウスが天空から世界の中心を決めるために石を投げ、それがこの地に落ちたと伝えられています。またデルポイにあった神殿は神託を得られる場所として有名で、数多くのギリシア神話の登場人物や古代ギリシア人が神のお告げ（神託）を得ようと訪れました。

デルポイのアポロン神殿。かつて神殿の中央にはアポロン像が置かれ、祭壇では生贄が捧げられたといわれています。

Q

ギリシア神話の神様が
裸で描かれることが
多いのはなぜ？

A

裸体表現の口実となったからです。

19世紀まで、西洋では女性のヌードを描くことがタブーとされていました。ただし神話や宗教の
なかの話として描けば不問とされたため、ギリシア神話の神々も裸で描かれたのです。

『アンピトリテの勝利』（ニコラ・プッサン）。海神ポセイドンとその家族が全員裸で描かれています。画面左で海馬を操っている初老の男性がポセイドン、中央で頭に布を掲げている女性が彼の妻アンピトリテです。

偉いのに十二神には入れられない、そんな神様もいます。

ギリシア神話のおもだった神々は、
オリュンポス山の山頂で暮らしているとされています。
愛・美の神様もいれば、農耕・大地の神様もいますし、
なかには、ぶどう酒・酩酊の神様もいます。

① ギリシア神話の神様はどれくらいいるの?

A たくさんいますが、中心になるのは12柱です。

ギリシア神話には数えきれないほどの神様が登場しますが、中心となるのは「オリュンポス十二神」と呼ばれる12柱の神様です(神様を数えるときは「柱(はしら／ちゅう)」を用います)。ゼウスを筆頭に、ヘラやアテナ、アポロン、アプロディテなど、男女6柱ずつの神様がオリュンポス山の山頂で暮らしているとされます。

② オリュンポス十二神は兄弟なの?

A 違います。
ゼウスの兄妹とゼウスの子どもたちで構成されています。

オリュンポス十二神は2つの世代にわけることができます。第1世代はゼウスの前世代の神様であるクロノスの子どもたちで、ゼウスの兄妹にあたるポセイドン、ヘラ、デメテルなど。第2世代はゼウスの子どもたちで、アテナ、アポロン、アルテミス、ヘパイストスなどです。

③ 神様の「偉さ」に順番はあるの?

A ゼウス、ポセイドン、ハデスが偉いとされています。

ギリシア神話では、天界を支配するゼウスがいちばん偉いのはいうまでもありませんが、次いで海を支配するポセイドンと、冥界を支配するハデスが偉いとされています。ただ、ハデスはオリュンポス山ではなく暗い冥界で暮らしているため、オリュンポス十二神には入れてもらえません。

オリュンポス十二神

ゼウス
男
神々の王。雷神・天空神。
多くの神々や英雄の父。

ヘラ
女
神々の女王。ゼウスの妻。
婚姻の神で、女性の守護神。

アテナ
女
知恵・工芸・戦いの女神。
都市の守護神。

アポロン
男
芸術・音楽・医療の神。
予言の神。

アプロディテ
女
愛・美の神。

アレス
男
軍神。

アルテミス
女
狩猟・森林・純潔の神。
処女神にして豊穣の神。

デメテル
女
農耕・大地の神。

ヘパイストス
男
鍛冶・炎・火山の神。

ヘルメス
男
伝令の神で、旅人
たちの守護神。

ポセイドン
男
海・泉の神。
また馬・塩・地震の神。

ヘスティア
女
かまどの神で、家庭生活の守護神。

ディオニソス
男
豊穣の神。ぶどう酒・酩酊の神。

※12柱目の神様は、ヘスティアとする場合とディオニソスとする場合があります。

Q

ギリシア神話の
美の女神といえば？

A
アプロディテ（アプロディテ）です。

アプロディテはヴィーナスと同じ神様。愛と美の女神です。

美しき者、強き者、賢き者……、神様にもそれぞれ特徴があります。

ギリシア神話の神々は、神様によって得意としている分野が異なります。
また海の神、山の神、川の神など、その持ち場も異なっているのです。

Q ギリシア神話の神々は仲がいいの？

A いつも争ってばかりいました。

ギリシア神話の神々は、美女や美少年を取り合ったり、自分の強さや美しさを競ったり、領土を奪い合ったりと、いつも争っていました。そのなかで最も大きな争いはトロイア戦争です。神々が2派にわかれて争ったギリシア神話のクライマックスです。

トロイア（イリオス）とされる遺跡。トロイア戦争はギリシア神話のなかのいちエピソードですが、同時に都市トロイアで実際にあった戦争を反映しているという説も強くあります。トロイアの遺跡は、あのシュリーマンが発掘して有名になりました。

② ゼウス以外で 強い神様といえば?

A アテナです。

アテナは智恵と戦いの女神で、ゼウスの頭から完全武装の姿で生まれたと伝えられています。神々が巨人族と戦ったときはいちばん強い巨人のエンケラドスを打ち倒し、また海神ポセイドンとも一歩も引かずに争って勝利を収めています。

『ペルセウスに盾を貸し与えたアテナ』(ルネ＝アントワーヌ・ウアス)。アテナは、英雄たちを助ける存在でもありました。この絵では、英雄ペルセウスが怪物メドゥーサと戦うときに、光り輝く盾を貸して助力するシーンが描かれています。

③ 最も変わり者の神様は?

A ディオニソスでしょう。

モザイク画に描かれたディオニソス(部分)。

ディオニソスはゼウスと人間の王女セメレの間に生まれた半神半人で、酒と酩酊の神様です。はじめは神様とは認められていませんでしたが、人間たちの間に熱狂的な信者を作りだしたことで、神々の仲間入りをしました。

★COLUMN★
神話でめぐる
世界遺産②

ゼウスとヘラの結婚式場・サモス島

サモス島は、エーゲ海の東部に浮かぶ山がちな島です。ゼウスの正妻であるヘラの生まれた場所とされ、古代からヘラ信仰の中心地でした。ギリシア神話のなかではゼウスとヘラの結婚式もサモス島で行われており、その宴は300年間も続けられたといわれています。

現在のサモス島。サモス島はトルコ沿岸にある島で、古代ギリシアの数学者ピタゴラスの故郷でもあります。

Q

ギリシア神話は
星座とどんな関係があるの？

A

星座＝ギリシア神話といっても
過言ではありません。

星座は約5000年前に古代バビロニアで生まれたとされます。それがギリシアへ伝わると、ギリシア風に改められ、神話や伝説として語り伝えられるようになったのです。

ニュージーランド・テカポ湖の星空。星座も多く見られます。そのあまりの美しさに、世界遺産登録を目指す動きもあるほどです。

わたしたちの知る星座の多くは、ギリシア神話の物語がルーツです。

季節ごとに夜空を彩る星座ですが、
そのひとつひとつにギリシア神話のエピソードが秘められています。

Q おおぐま座とこぐま座の神話を教えて!

A 母と息子の悲しい物語です。

狩りの女神アルテミスに仕えていたカリストは、ゼウスとの間にアルカスという息子を生みました。しかし、純潔を重んじるアルテミスはこれを怒り、カリストを熊に変えて、アルカスに殺させてしまいます。これを憐れんだゼウスは母子を天に上げて、おおぐま座とこぐま座にしたのです。

『ユピテルとカリスト』(フランソワ・ブーシェ)。ゼウス(ユピテル)はアルテミスに化けてカリスト(画面左の女性)に近づき、思いを遂げます。つまりここでも、悲劇の発端はゼウスの浮気だったのです。

② オリオン座の神話はどんな話？

A 月の女神の悲恋の物語です。

これもアルテミスにまつわる物語です。男嫌いのアルテミスが、あるときオリオンに恋をします。しかし彼女の兄であるアポロンはそれをおもしろく思わず、アルテミスを騙して恋人を射殺させてしまいました。その後、ゼウスは娘を慰めるためオリオンを星座にしたといわれています。

冬の夜空に輝くオリオン座は、その特徴的な形で親しまれている星座です。ちなみに、オリオン座の右となりにはおうし座があります。

③ 射手座の形はなぜ、馬のように見えるの？

A 半人半馬のケイロンが星座になったからです。

ケイロンは半人半馬のケンタウロス族の賢者で、英雄ヘラクレスの師匠でした。しかし、ヘラクレスとケンタウロス族が争ったとき、誤ってヘラクレスの放った毒矢によって死んでしまいます。その死を惜しんだゼウスはケイロンを天に上げ、射手座にしたのです。

『アキレウスの教育』（ウジェーヌ・ドラクロワ）。ケイロンは、ヘラクレスだけでなく数々の英雄を育てました。この絵でケイロンに乗っているのは、トロイア戦争で活躍する英雄アキレウスです。

★COLUMN★
神話でめぐる
世界遺産 ❸

アルテミスのふるさと・デロス島

おおぐま座・こぐま座やオリオン座の物語に登場する狩りの女神アルテミスは、エーゲ海のキクラデス諸島にあるデロス島で生まれたとされます。この島は、古代ギリシアにおいて聖地とされていました。

デロス島にある劇場跡。デロスは、ギリシア語で「輝く」という意味です。紀元前5世紀、迫り来るペルシアの軍団に対抗するためにアテネ主導で結んだデロス同盟にも、その名が残されています。

Q

ギリシア神話には、
愛憎劇のほかに、
どんな特徴があるの？

A

美少年好きな神様が
数多くいました。

ギリシア神話には、いまでいう「ボーイズラブ」がたくさん登場します。

『ヒュアキントスの死』（ジャン・ブロック）。万能の神であり、美男子としても知られるアポロン（右）は、美少年のヒュアキントス（左）に恋をしますが、2人に嫉妬した西風ゼピュロスがヒュアキントスを死なせてしまいます。ちなみに、大地に染み込んだヒュアキントスの血から咲いた花がヒヤシンスとされています。

神々は美少年がお好き!?
少年愛がさかんだったギリシア

古代ギリシアでは同性愛はタブーではなく、
美しい少年は美しい女性と同じように愛でられていました。

Q ギリシア神話でいちばんの美少年は?

A ナルキッソスです。

ギリシア神話のなかで
いちばんの美少年は、
なんといってもナルキッ
ソスでしょう。なにしろ
彼は、泉に映る自分の
姿に見とれてしまい、食
べることも飲むことも忘
れて、やがてやせ細って
死んでしまったほどで
す。精神分析用語で
「自己愛」を意味するナ
ルシシズムは、この神話
を語源としています。

『ナルキッソス』（ミケランジェ
ロ・メリージ・ダ・カラヴァッ
ジョ）。バロックを代表する
画家カラヴァッジョにも、ナ
ルキッソスを題材とした作品
が1点あります。

② 浮気性のゼウスも 美少年が 好きだったの？

A ガニュメデスという 男性の人間を愛しました。

トロイアの王子であるガニュメデスは、とても美しい顔立ちをしていました。その美貌に魅了されたゼウスはワシに変身すると、ガニュメデスをオリュンポス山に連れ去ってしまいました。以後、ガニュメデスは、ゼウスの杯を奉げもつ従者となったといいます。

ガニュメデスと彼を連れ去るワシの彫像。ガニュメデスの名は、木星の衛星「ガニメデ」としても残されています。

③ 美少年が原因の争いもあったの？

A アドニスをめぐって、アプロディテとペルセポネが争いました。

アドニスは、フェニキアの王とその娘の間に生まれた美少年です。美の女神アプロディテとハデスの妻ペルセポ

ネが彼を取り合って争った結果、アドニスはアプロディテと一緒にいることを選びます。ところが、これを不満に思ったペルセポネは、軍神アレスにアドニスを殺させてしまいました。

『ヴィーナスとアドニス』（ピーテル・パウル・ルーベンス）。左の男性がアドニス、右の女性がアプロディテ（ヴィーナス）です。これから狩りに行こうとするアドニスを、アプロディテが引き止めているように見えます。

Q ギリシア神話の神様が、
人間に与えたものってある?

『プロメテウスの神話』（ピエロ・ディ・コジモ）。画面左では、プロメテウスが土で作った人間に生命を与えています。中央上には、太陽神の凱旋車から火を盗んでいる彼の姿が見えます。そして右では、火を盗んだ罰として岩に繋がれている姿が描かれています

A 火などを与えました。

ティタン族のプロメテウスは人間にとって特別な神様です。
人間を作り、人間に火を与えてくれたからです。

火の使用を覚えたことで、
人間が得たものと失ったもの。

人間は火を使って食べ物を温めたり、寒さから身を守れるようになります。
しかし、火は役に立つと同時に、おそろしいものでもありました。

⏻ それまで人間は火を使えなかったの？

A 戦争など悪いことに使うと考えたゼウスが禁じていました。

プロメテウスは、ゼウスの目から隠れて人間に火を授けます。すると人間は、寒さや猛獣の脅威から身を守れるようになりました。しかし、次第に火を使って武器を作るようになり、戦争を始めます。ゼウスの懸念は当たってしまいました。

『火を運ぶプロメテウス』（ヤン・コシエール）。プロメテウスは、鍛冶の神ヘパイストスの作業場にある炉を点火し、その火を地上にもってくることで、人間に火を授けました。このように人間に文化をもたらした英雄を、神話学では「文化英雄」といいます。

② プロメテウスはどうなったの？

A ゼウスに捕らえられ、永遠の苦しみを与えられました。

人間に火を与えたことを怒ったゼウスはプロメテウスを捕えると、カウカソス山の山頂に磔（はりつけ）にし、生きたまま怪物に内臓を食べられるという罰を与えます。しかし、神様であるプロメテウスは不死のため、怪物に内臓を食べられても、一晩経つと再生してしまうので、この苦しみはずっと続くことになるのです。

カウカソス山は、現在のコーカサス山脈といわれています。ギリシアから東へ遠く離れた、黒海とカスピ海にかけて連なる山地で、ヨーロッパとアジアの境界となっています。つまりギリシアから見れば、カウカソス山は「ヨーロッパの果て」ということができるでしょう。

③ 人間は罰を
受けなかったの？

A 「パンドラの箱」を
開いてしまいました。

ゼウスは人間には「パンドラの箱」というものを贈りました。絶対に開けてはいけないといわれていたこの箱を開けると、そのなかから疫病、悲嘆、欠乏、犯罪など悪いものがたくさん飛び出して、人間の世界に広がってしまったのです。こうして世の中には苦しみが多くなりました。しかし、箱の底には、ただひとつの救いである「希望」が残っていたともいいます。

『パンドラ』（ジョン・ウィリアム・ウォーターハウス）。ゼウスがヘパイストスに命じて創った人類最初の女性パンドラは、プロメテウスの弟であるエピメテウスと結婚し、好奇心に負けてパンドラの箱を開けてしまいます。なお「箱」は、本来は「甕（かめ）」を意味するギリシア語「ピトス」が誤訳されて定着しました。

Q ギリシア神話に出てくる
　　怪物を教えて！

『メデューサの頭部』（ピーテル・パウル・ルーベンス）。蛇の頭髪と黄金の翼、そして見る者を石にしてしまう目をもつメドゥーサですが、英雄ペルセウスによって首を斬り落とされました。

神々と英雄を苦しめた怪物は、
神様の味方をすることもありました。

ギリシア神話に登場する怪物たちは、神々よりも強いことがあります。
それは、怪物たちの先祖をたどると神様にいきつくためです。

Q ギリシア神話で
いちばん恐ろしい怪物は?

A テュポンでしょう。

テュポンは腿（もも）から上は人間の形をしていますが、腿から下は巨大な毒蛇がとぐろを巻いているという恐ろしい
姿の怪物です。体がとても大きく、背の高さは星々に達し、両手を伸ばすと世界の果てまで届くとされています。こ
の怪物は大地母神ガイアから生まれ、ゼウスも一度は敗れました。

ヒュドリア（水瓶）に描かれたゼウスとテュポン。左にいるゼウスが、右のテュポンを
攻撃しているところです。ここでのテュポンは翼をもつ怪物として描かれています。

② 怪物たちはどのようにして生まれたの?

A 多くはテュポンの子どもたちです。

テュポンはエキドナという怪物を妻にして、双頭の犬オルトロス、冥界の番犬ケルベロス、9つの首を持つ大蛇ヒュドラ、獅子の頭と山羊の胴体、毒蛇の尻尾を持つキマイラ、人間の女性の顔と獅子の体、鷲の翼をもつスピンクスなど、多くの怪物を生みだしました。ただ、メドゥーサは海神ポントスの子どもとされているなど、神様が怪物を生みだすこともありました。

ケルベロス。

キマイラ。異形の怪物たちは、古代から近代を通じてさまざまな形で表現されてきました。

③ 神々の味方の怪物はいないの?

A ティタン（巨人）族には神々の味方が多いようです。

キュクロプスというひとつ目の巨人は、ゼウスの雷霆（らいてい）、ポセイドンの三叉の銛（もり）、ハデスの隠れさせる兜（かぶと）など、神々のために武器防具を作りました。また、アルゴスという全身に100の目を持つ巨人は、ゼウスの妻であるヘラの命令で、ゼウスの愛人を見張っていました。

ロンドン自然史博物館には、キュクロプスの模型が展示されています。ギリシア神話をはじめ世界のさまざまな神話の中で、製鉄と隻眼とは関連性をもって語られることが多いようです。

Q

ギリシア神話最大の
英雄といえば？

A

ヘラクレスです。

ただ、最後は妻に殺害されてしまいます……。

ギリシア神話は、
英雄たちの冒険物語でもあります。

ギリシア神話の後半では、物語の主役が神々から英雄に移り変わっていきます。
その多くの物語が悲劇で終わるのが特徴です。

Ｑ ヘラクレスの物語を教えて！

Ａ 不可能とも思われる、
12の功業を成し遂げました。

ヘラクレスは誤って我が子を殺してしまったため、罪の償いを決意します。そして、ネメアの獅子やヒュドラ、エリュマントスの猪などの怪物を倒したり、黄金の林檎という宝物を手に入れたり、ケルベロスを冥界から地上へ連れ帰るなどの難業を成し遂げました。それらの難業は全部で12個あったため、「ヘラクレスの12の功業」と呼ばれています。

大西洋　フランス
スペイン
ジブラルタル
セウタ
地中海
モロッコ

『ヘラクレスとレルネのヒュドラ』（ギュスタヴ・モロー）。ヘラクレスは12の功業のうち2番目の仕事として、9つの頭をもつ怪蛇ヒュドラを退治しました。

ヘラクレスの柱。ヘラクレスがその怪力で山脈を真っ二つにした結果、大地が割れて大西洋と地中海がジブラルタル海峡でつながったいう伝説があります。そのため、現在のジブラルタルと対岸のセウタにある山々を「ヘラクレスの柱」と呼んでいます。

② ギリシア神話の英雄の特徴は?

A 神と人間の間に生まれた
半神半人が
多いことです。

ヘラクレスはゼウスとミュケナイの王女アルクメネとの子どもですし、怪物メドゥーサを退治したペルセウスは、ゼウスとアルゴスの王女ダナエとの子どもです。また、牛頭人身の怪物ミノタウロスを退治したテセウスは、海神ポセイドンとトロイゼーンの王女アイトラの子どもとされていますし、トロイア戦争の英雄アキレウスは、人間の王と海の女神テティスとの間に生まれたとされています。

父	母	子(半神半人)
アンキセス	✤アプロディテ	アイネイアス
ペレウス	✤テティス	アキレウス
カドモス	✤ハルモニア	セメレ
✤ゼウス	アルクメネ	ヘラクレス
✤ゼウス	ダナエ	ペルセウス
✤ゼウス(白鳥)	レダ	ポリュデウケス
✤ゼウス(牡牛)	エウロペ	ミノス
✤ポセイドン	アイトラ	テセウス
✤ポセイドン	エウリュアレ	オリオン

✤=神

③ 英雄物語の主人公はつねにひとりなの?

A 複数の英雄が
活躍する
冒険譚もあります。

イアソンという英雄が、宝物の金羊毛を求めてアルゴー船で冒険をする神話では、ヘラクレスやテセウス、アキレウスの父であるペレウス、竪琴の名手オルフェウス、医術の天才アスクレピオスなど数多くの英雄が船の乗組員として登場します。またトロイア戦争の神話にも、さまざまな英雄が敵味方に分かれて登場してきます。

(左)金羊毛を手に持つイアソン。(右)蛇のからまった杖を持つアスクレピオス。

イーリアスとオデュッセイア

紀元前8世紀ごろのギリシアの詩人ホメロスは「イーリアス」という長編叙事詩でトロイア戦争について記しました。また同じ作者による長編叙事詩「オデュッセイア」は、トロイア戦争の後日談です。

北欧神話

8世紀から11世紀にかけて北欧を席巻したヴァイキングは、
口承で、そしてルーン文字を使って壮大な物語の数々を創りあげました。
それがまとまって北欧神話が成立したのです。
神話では、宇宙の創造や神々の戦いと愛が描かれ、
世界の終焉までを描くスケールの大きさが
多くの人を魅了しています。

『ワイルドハント』
（ペーテル・ニコライ・アルボ）
愛馬スレイプニルに乗って
天界を駆けめぐるオーディン
の狩りの様子が描かれてい
ます。10月31日から4月30
日までの間、彼の狩りは続く
とされていました。

Q 北欧神話の舞台は
どんなところ？

A ユグドラシルという
世界樹です。

北欧神話の世界は、「ユグドラシル」と呼ばれる1本
の大樹を中心に広がっています。

9つの世界で繰り広げられる
神々と巨人の戦いの物語。

2種類の神様のほか、さまざまな巨人族、小人、怪物、人間……、
北欧神話は、厳しい自然の中で育まれた彼らの物語です。

ユグドラシルってどれくらいの大きさ？

A　宇宙と同じサイズです。

ユグドラシルは宇宙と同じ大きさとされています。そのため「世界樹」という呼び方のほかに、「宇宙樹」と呼ばれることもあります。樹の天辺には1羽の鷲がとまっていて、いちばん下ではニーズヘッグという蛇がユグドラシルの根をかじっています。

天辺の鷲。

ニーズヘッグ。

ニーズヘッグが根をかじっているのは、ユグドラシルの樹を倒そうとしているからです。

②　ユグドラシルは、どんな構造なの？

A　9つの世界に分かれています。

ユグドラシルには9つの世界があり、神様、巨人、人間などがそれぞれの世界で暮らしています。9つの世界は、①アース神族が暮らしているアースガルズ、②ヴァン神族が暮らしているヴァナヘイム、③人間たちの世界であるミズガルズ、④炎の巨人の世界であるムスペルヘイム、⑤氷の巨人が棲むニヴルヘイム、⑥エルフ（妖精）たちの世界であるアルフヘイム、⑦黒いエルフの世界であるスヴァルトアルフヘイム、⑧小人たちの世界であるニダヴェリール、⑨霜の巨人が棲むヨトゥンヘイムです。ラタトスクという栗鼠がユグドラシルを走り回り、それぞれの世界に情報を伝えているとされています。

ユグドラシルと9つの世界

- アースガルズ（アース神族が暮らす）
- アルフヘイム（エルフが暮らす）
- ムスペルヘイム（炎の巨人が棲む）
- ヴァナヘイム（ヴァン神族が棲む）
- ミズガルズ（人間が暮らす）
- スヴァルトアルフヘイム（黒いエルフが暮らす）
- ヨトゥンヘイム（霜の巨人が棲む）
- ニダヴェリール（小人が暮らす）
- ニヴルヘイム（氷の巨人が暮らす）

③　北欧神話にはどんな神様が登場するの？

A　アース神族とヴァン神族の2種族です。

北欧神話にはアース神族とヴァン神族という2種族の神様がいます。当初、この2つの神様の種族は争っていましたが、最終的にアース神族が勝利したあと、人質を交換することで和解しました。また、巨人族たちのなかでも霜の巨人と呼ばれる種族は、なかば神様のような存在です。

霜の巨人。毒ヘビを手綱にして狼に乗っている女性の霜の巨人が石に描かれています。

北欧神話とキリスト教の融合？ウルネスの木造教会

ノルウェーにあるこの教会は、1130年ごろに建築されたとみられています。キリスト教とヴァイキングの建築が結びついた様式をウルネス様式といいます。教会の入口などにはツタのような装飾が施されていますが、これは北欧神話のユグドラシルをモチーフにしているという説もあります。

ウルネスの木造教会の全景。切り立った崖の上に建つ教会からは、フィヨルドを望むことができます。

Q

北欧神話で
最も強い神様は？

オーディンの像（中央）。
オーディンは髭を生やした
老人の姿で表されることも
多い神様です。

A
オーディンです。

オーディンは巨人に反旗を翻し、神々の頂点に立ちました。

銀で覆われた宮殿に暮らすのは、神々の頂点に立つオーディン。

オーディンは飽くなき知識欲の持ち主です。
魔術の知識を得るために、ときに自分の肉体を犠牲にすることも厭いませんでした。

① オーディンは、どうやって北欧神話の最高神となったの？

A 原初の巨人ユミルを殺し、世界を創造しました。

北欧神話では最初、ユミルという巨人が世界を支配していました。しかし、塩の岩から誕生した最初の神様ブーリの孫であるオーディン、ヴィリ、ヴェーの3柱が協力してユミルを殺します。その後、オーディンたちはユミルの屍体から大地を創り、その血液で海や川や湖を、骨で石を、脳で雲を、頭蓋骨で天空を創りだしました。そして、オーディンが最高神の座についたとされています。

ユミルを殺害するオーディン、ヴィリ、ヴェー。ユミル殺害後、オーディンは最高神となりますが、ヴィリとヴェーの存在は目立たないものになります。

② オーディンは、どんな性格なの?

A 知識の吸収に貪欲です。

オーディンの特徴のひとつとして、片目であることがあげられます。魔術の知識を得ようとユグドラシルの根元にあるミーミルの泉の水を飲んだ際、その代償として片目を失ったとされています。また、オーディンはフギンとムニンという2羽のワタリガラスを飼っていて、その2羽を世界中に飛ばして、つねに情報を収集しているともされています。

フギンとムニンからの報告を受けるオーディン。フギンは「思考」、ムニンは「記憶」という意味をもっています。

③ オーディンはどこで暮らしているの?

A ヴァーラスキャールヴという宮殿です。

オーディンはアース神族の世界「アースガルズ」に建つ「ヴァーラスキャールヴ」という輝く銀に覆われた宮殿に暮らしています。この宮殿のなかには「フリズスキャールヴ」という高御座(王座)があり、オーディンはそこに座って世界を見渡しているとされます。

フリズスキャールヴからは、全世界を見渡すことができるとされています。

ルーン文字。8文字ずつの組に分れた24文字からなる表音文字で、北欧では中世後期まで使われていました。

A 魔力を秘めた神秘の文字です。

北欧神話では、オーディンがこの文字を習得して広めたといわれています。

不思議な魔法道具の数々と、神秘的な力を秘めたルーン文字。

北欧神話には、魔法の武器や魔法の乗り物が数多く登場します。
その不思議な力の源泉は、ルーン文字に隠されているとされています。

Q オーディンはどうやってルーン文字の秘密を手に入れたの?

A 自分自身を犠牲にして手に入れました。

オーディンはルーン文字の秘密を手に入れるため、ユグドラシルの樹で首を吊り、魔法の槍「グングニル」に突き刺されたまま、9日9夜、自分を自分自身に捧げたと伝えられています。ちなみに、タロットカードの「吊るされた男」は、このときのオーディンの姿を描いたものだともいわれています。

THE HANGED MAN.

タロットカード12番「吊るされた男」。オーディンは、自分を吊るした縄が切れたおかげで一命を取りとめました。

② 北欧神話にはどんな特徴があるの？

A 魔法の武器が たくさん登場します。

オーディンがもつ絶対に的を外さない槍「グングニル」や、豊穣神フレイの持ち物で自動的に敵と戦ってくれる「勝利の剣」、鉄も簡単に切り裂く切れ味ですが、持ち主に災いをもたらす魔剣「ティルヴィング」など、北欧神話にはさまざまな魔法の武器が登場します。それらの大半は、小人族が作ったものです。

グングニルを手に戦うオーディン。グングニルをもつオーディンが騎乗するのは、8本足の愛馬スレイプニル。そして頭上にはフギンとムニンが、足元には狼がつき従います。

③ 武器以外にも 魔法の道具は あるの？

A 神秘的な力をもった 乗り物が登場します。

すべての神様を乗せても余裕があるほど巨大ですが、折りたたむと袋に入るほどのサイズになる魔法の帆船「スキーズブラズニル」や、炎の巨人ムスペルの持ち物で死者の爪で作られた巨大な船「ナグルファル」、豊穣神フレイの乗り物である金属製の猪「グリンブルスティ」など、北欧神話には魔法の乗り物が数多く登場します。

小人族が魔法の道具や宝物を製作している様子。右下にスキーズブラズニルと思われる帆船があります。

Q オーディンのほかにも
　有名な神様はいる？

『エーギルの饗宴』（コンスタンティン・ハンセン）。雷神トール（中央左）とともに巨人族エーギルの館に招かれたロキ（中央右）。

陰の主役であるロキが、
神々の世界に波乱をもたらします。

狡猾で、神々の味方にもなれば、敵になることもあるロキは、
北欧神話のさまざまなエピソードで活躍します。

ロキってどんな神様?

A ときに神様の味方になり、
ときに敵になる"トリックスター"です。

ロキは巨人族の血を引きながらも知恵者で、オーディンの義兄弟となってアースガルズで暮らしている不思議な神様です。変身が得意で、男にも女にも変身することができます。神々に魔法の武器をもたらすなど利益も与えますが、無意味な悪意から光明神バルドルを殺すなど害悪ももたらしました。そして、神々と巨人族の最終戦争「ラグナロク」では、巨人族を率いて神族と敵対しました。

『グルヴェイグの心臓を見つけたロキ』(ヨン・バウエル)。ロキは食欲と性欲が旺盛で、無秩序、いたずら、不合理などを象徴する神様とされています。

$\overset{Q}{②}$ ほかには、どんな神様がいるの？

A 雷神トールが有名です。

トールは雷を司る神様で、アース神族の最強の戦士です。ミョルニルという、投げても手元に戻ってくる魔法のハンマーを武器に多くの巨人族を倒しました。また、ロキとは親友で、一緒に巨人族の国を冒険したこともあります。しかし、ロキの悪戯でトールの妻の自慢の金髪が切られて丸坊主にされたときは激怒し、彼を殺そうと追い回しました。

『トールと巨人の戦い』（モルテン・エスキル・ヴィンゲ）。豪胆にして武勇を重んじるトールは、北欧神話最強の戦の神様です。

$\overset{Q}{③}$ 神族と巨人族は仲が悪いの？

A 基本的には敵対しています。

巨人族はたいてい怪力の乱暴者で、神々と対立しています。しかし、オーディンに知恵比べを挑んだヴァフスルーズニルのようにとても賢い巨人もいます。また、海神ニョルズや豊穣神フレイは巨人族の女性を妻にするなど、ときには神族と巨人族が結婚することもありました。

『オーディンとヴァフスルーズニルの知恵比べ』（ローランス・フレーリク）。オーディン（左）が巨人のヴァフスルーズニルに「最初に生まれた巨人族は誰か？」と質問して知恵比べが始まります。

Q 日本でも知られている
　北欧神話の神様はいる?

『ジークフリートと神々の黄昏』（アーサー・ラッカム）。ジークフリートは名剣グラムを用いてドラゴン・ファフニールを退治し、財宝を手に入れます。しかし、ブリュンヒルドという女性を裏切ったことで非業の死を遂げました。

A ジークフリートは
北欧神話の神様です。

怪物たちと死闘を繰り広げた
北欧神話の英雄たち。

ジークフリートやベーオウルフなど、北欧神話の英雄たちは、
栄光をつかむものの悲劇的な結末を迎えることになります。

① ジークフリートについてもっと教えて！

A ワーグナーの「ニーベルングの指環」4部作のひとつです。

『ラインの黄金』『ワルキューレ』『神々の黄昏』、そして『ジークフリート』がドイツ・オペラの巨匠リヒャルト・ワーグナーによる「ニーベルングの指環」4部作。4半世紀をかけて作られたオペラ史上最大級の作品で、『ジークフリート』は3作目にあたります。

『ニーベルングの指環』（アーサー・ラッカム）。作中、ジークフリートは眠っているブリュンヒルデに魅せられ、キスをします。そして目覚めた彼女と愛の歓喜を歌い上げます。

② ほかにはどんな
英雄がいるの？

A ベーオウルフも
有名です。

ベーオウルフは勇敢な戦士で、のちにデンマークの王となったとされる英雄です。人喰い巨人のグレンデルや炎を吐く竜と戦いました。しかし、その竜との戦いで致命傷を負い、命を落とします。ちなみに、J・R・R・トールキンの『指輪物語』は、この神話の影響を受けているともいわれています。

『火の息を吐くドラゴンと対峙するベーオウルフ』（マーシャル・ローガン）。ベーオウルフと炎を吐く竜との死闘の直前が描かれています。

Q③ 北欧神話で有名な怪物は？

A フェンリル、ヨルムンガンド、ヘルの３大怪物です。

巨大な狼の姿をしたフェンリル、人間の世界ミズガルズを取り巻くほど巨大な毒蛇ヨルムンガンド、上半身は人間の姿をしているけれど下半身は腐敗している死者の国の女王ヘルが、北欧神話の３大怪物でしょう。この３体はすべて、悪神ロキと女巨人アングルボザとの間に生まれた兄妹です。

『剣を巧みに操るテュールの腕を噛みちぎるフェンリル』(『NKS 1867 4to』より)。フェンリルにエサをやろうとした軍神テュールは、片腕を噛みちぎられてしまいます。

『夫を探すフレイヤ』（ニルス・ブロメール）。フレイヤは留守にしがちな夫のオーズを恋しがり、世界中を探しまわりました。

A フレイヤがいます。

戦いの神話である北欧神話でも、女神はその存在感を示しました。

北欧神話にもさまざまな女神が登場します。
ただ彼女たちには、どこか性と死のにおいがつきまとっているのが特徴です。

Q フレイヤはどんな女神なの?

A 性に奔放でした。

フレイヤは非常に美しい
外見をしていますが、性に
奔放な一面もあります。
彼女はオーズという神様と
結婚していましたが、愛人
がたくさんいました。

『フレイヤに首飾りを返すヘイム
ダル』（ニルス・ブロメール）。
光の神ヘイムダルは、ロキが
奪った首飾りブリーシンガメンを
フレイヤ（中央）に返します。

ほかにも有名な女神はいるの?

A ワルキューレも有名です。

ワルキューレは、戦場で死んだ人間の戦士の魂を集める女神たちで、精霊のような存在とも考えられています。日本語では「戦乙女 (いくさおとめ)」と表記されることもあります。彼女たちが集めた戦士の魂は、オーディンのヴァルハラ宮殿に連れて行かれ、オーディンのために戦う兵士になるのです。

『ワルキューレ』。19世紀以降、ワルキューレはさまざまな芸術作品のモチーフとして受容されていきます。

③ 巨人族の女性はどんな姿をしているの?

A 美人が多いとされています。

男の巨人族は醜い外見をしていることが多いですが、女巨人には美人もたくさんいます。女巨人のゲルズは、あらゆる女性のなかで最も美しいとされ、豊穣神フレイの妻となりました。また、女巨人のスカジは海神ニョルズと結婚したあと、オーディンやロキと浮名を流しています。

★COLUMN★
神話が描かれた
書物② エッダ

13世紀にアイスランドの詩人スノッリ・ストゥルルソンが詩の教本として著したもので、北欧神話の物語をいまに伝える重要な資料です。その後にみつかった写本に含まれていた詩などに描かれた物語(「古エッダ」「小エッダ」)も、まとめて「エッダ」と呼ばれています。

Q

北欧神話のラストは
どうなるの？

A
最終戦争が起こり、
神々も死に絶えます。

この最終戦争は「ラグナロク」と呼ばれています。

アイスランドのスルツェイ島。スルツェイとは「スルトの島」という意味で、この島の火山がユグドラシルを焼き尽くす巨人スルトをイメージさせたことから名づけられました。

やがて訪れる神々の黄昏――。
世界は滅び、そして再生します。

北欧神話を最も特徴づけているのは、
避けられない運命として最終戦争が起こり、
世界が滅びるということです。
しかし、そのあと世界は再生します。

① 最終戦争は
避けられないの?

A 絶対に避けられません。

北欧神話では、いずれ神々と巨人族の最終戦争であるラグナロクが
起こり、世界が滅びることが運命づけられています。オーディンはそれ
を避けようと、怪物を捕らえたり、戦士たちを育成するなど懸命に努力
しますが、結局、運命は変えられません。

オーディンの宮殿ヴァルハラ。オーディン
は、このヴァルハラに戦士の魂を集めるな
どしてラグナロクに備えます。

② ラグナロクは
どうやって始まるの?

A 冬が続いたあと、
巨人族と怪物たちが
アースガルズに攻め入ります。

夏が来なくなり、冬が続いたあと、ロキやフェンリル、巨人族がアース
ガルズに攻め込みます。そして光の神ヘイムダルがギャラルホルンと
いう角笛でラグナロクの到来を告げると、神々の軍団と巨人族の軍
勢はヴィーグリーズの野で激突するのです。

『そして凄まじい戦いが始まった』(ジョージ・
ライト)。ラグナロクでは、巨人、神々、
怪物、そして人間と、ありとあらゆる生物
が戦いに巻き込まれます。

③ ラグナロクで誰も生き残れなかったの？

A 少数の神様と人間だけが生き残りました。

ラグナロクの最後に、巨人スルトの放った炎の剣がユグドラシルを焼きつくしたことで、9つの世界は海中に没し、世界は滅んでしまいます。しかし、光明神バルドルなど一部の神様は生き残ります。また、2人だけ生き残った人間が新しい人間たちの先祖となったとされているのです。

『リーヴとリーヴスラシル』（ローランス・フレーリク）。ラグナロク後、ふたたび人類を増やすように定められた男女が、リーヴとリーヴスラシルです。

ヴァイキングの王族が眠るホーヴゴーデン

スウェーデンのメーラレン湖に浮かぶ島には、ヴァイキング時代の遺跡であるホーヴゴーデンがあり、隣の島にあるビルカとともに世界遺産に登録されています。ホーヴゴーデンには、ヴァイキング時代以来の歴代の王族や豪族などの墓所があります。

ホーヴゴーデンの墓所。ホーヴゴーデンには、数千にもおよぶ数の墓が点在しています。

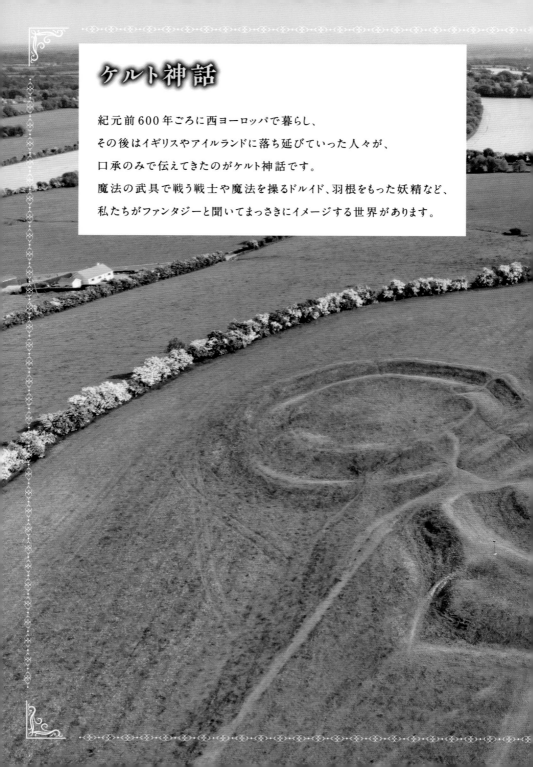

ケルト神話

紀元前600年ごろに西ヨーロッパで暮らし、

その後はイギリスやアイルランドに落ち延びていった人々が、

口承のみで伝えてきたのがケルト神話です。

魔法の武具で戦う戦士や魔法を操るドルイド、羽根をもった妖精など、

私たちがファンタジーと聞いてまっさきにイメージする世界があります。

アイルランド・ミース県にあるタラの丘。ここはアイルランドの伝説上の王国が存在した地として知られています。

Q

古代ケルト人って、
どんな人だったの？

イギリスなどで見られる巨石の遺跡「ストーンヘンジ」は、ケルト人が建造したという説もあります。

A

高度な文明をもち、
多くの神々を崇拝していました。

もともと西ヨーロッパで暮らしていましたが、ローマやゲルマン人に追い立てられ、現在のイギリスやアイルランドに移住しました。彼らが伝えた神話がケルト神話です。

アイルランドの大地で展開する、ケルトの物語は島の歴史そのもの。

古代のアイルランド島に渡ってきたさまざまな民族たちのうち、
あるものは怪物とされ、あるものは神々とされました。

Q ケルト神話の神様は、どこからやってきたの？

A アイルランドの外からやってきました。

ケルト神話では、最初にアイルランドを支配していたのは怪物のようなフォモール族だと伝えています。やがて、ダーナ神族と呼ばれる神々が海を渡ってきてフォモール族を倒し、ケルトの神様となりました。しかし、このダーナ神族も、あとからやってきたミレー族に追い出されてしまいます。このミレー族がアイルランド人の祖先とされています。

『妖精の騎手たち』（ジョン・ダンカン）より「トゥアハ・デ・ダナーン」。ダーナ神族のことを「トゥアハ・デ・ダナーン」ともいいます。

② ケルト神話で重要な神様は?

A ダグザとルーです。

ダグザはケルト神話の最高神で、豊穣と再生を司っています。また、いくら中身を食べても尽きることがない大釜をもっています。ルーは太陽神で、「長腕のルー」のあだ名でも呼ばれています。芸術、武術、医術、魔術などあらゆる技能にすぐれていますが、彼の祖父はフォモール族の「邪眼のバロール」という怪物です。

ダーナ神族の4つの秘宝

ダーナ神族（トゥアハ・デ・ダナーン）は、君臨するにあたり4つの秘宝を
アイルランドに持ち込みました。ダグザの大釜も、そのうちのひとつです。

リア・ファール	ルーグの槍	ヌアザの剣	ダグザの大釜

アイルランド王となるべき人物がこの石に乗ると、叫び声をあげる。	この槍で戦えば、敗れることはない。	戦いでさやから抜かれれば、誰も逃れることも抵抗することもできない。	食料を無尽蔵に生み出すことができる。

③ フォモール族って、どんな存在なの?

A 人喰いの巨人ですが、のちに妖精になりました。

太古からアイルランドに先住していたフォモール族は怪力の巨人で、人喰いの怪物と伝えられています。ただ、ダーナ神族に敗れたあとは、生き残った少数が妖精としてひっそりと暮らすようになったともいわれています。

『フォモール族』（ジョン・ダンカン）。フォモール族は、さまざまな姿をした怪物として描かれることが多いようです。

★COLUMN★
神話が描かれた
書物❸ マビノギオン

いまに伝わるケルト神話の源流は、アイルランドやウェールズ（グレートブリテン島西部）に残された写本物語群にあります。なかでも19世紀にシャーロット・ゲストがウェールズの伝承として編纂した12の物語群のことを「マビノギオン」と呼びます。

Q

ケルト神話で
最も名高い
英雄は？

A

クー・フリンです。

クー・フリンは太陽神ルーとアルスター国の王妹の間に
生まれた半神半人の英雄です。

『クランの番犬を殺すクー・
フリン』（エレノア・ハル）。
クー・フリンの本名は「セ
タンタ」ですが、鍛冶屋ク
ランの巨大な番犬を殺した
ことから、「クランの番犬」
を意味するクー・フリンと呼
ばれるようになりました。

戦いに生き、戦いに死んだ、ケルト神話の英雄。

戦場では怪物のような姿になって勇猛に戦うクー・フリンですが、
その最期も戦場で迎えることになります。

① クー・フリンはどんな姿だったの？

A 美しい容貌の戦士です。
しかし、戦意が高まると怪物のような外見になります。

クー・フリンは美しい顔立ちをした勇敢な戦士ですが、いったん戦意が高まると、髪の毛は逆立ち、ひとつの目は頭にめり込み、もうひとつの目は額に突き出た怪物のような姿になります。これは、「ねじれの発作」と呼ばれるものです。

『ケルト人の神話と伝説』T・W・ロルストンより「戦うクー・フリン」（J・C・ライエンデッカー）。戦に臨む際、クー・フリンは両頬にカラフルな頬紅をさしました。

② どんな武器をもっていたの？

A 「ゲイ・ボルグ」という魔法の槍をもっていました。

ゲイ・ボルグは銛のような形をした槍で、投げれば300の矢となって降り注ぎ、突けば300の棘が炸裂するとされています。クー・フリンは修行時代に、武芸の師匠のスカアハからこの武器を授かりました。また、その他にも「クルージーン・カサド・ヒャン」という名の剣や、話すことのできる剣をもっていたとされます。

③ クー・フリンの最期はどうなったの？

A 戦場で勇敢に戦って死にました。

アルスター国の騎士だったクー・フリンは、コナハト国との戦争で多くの敵を倒しますが、罠にはまって、愛用の武器であるゲイ・ボルグに自身を刺し貫かれて命を落としてしまいます。ただ、このとき、こぼれ落ちた内臓を水で洗って腹におさめ、石柱に己の体を縛りつけ、最後まで倒れることがなかったと伝えられています。

『クー・フリンの死』（オリバー・シェパード）。クー・フリンは圧倒的な武勲を誇りますが、その戦いの多くは自ら望んだものではなく、義侠心や愛国心によるものだったといいます。

『クー・フリンの死』（スティーブン・リード）。クー・フリンの最期の姿が描かれています。

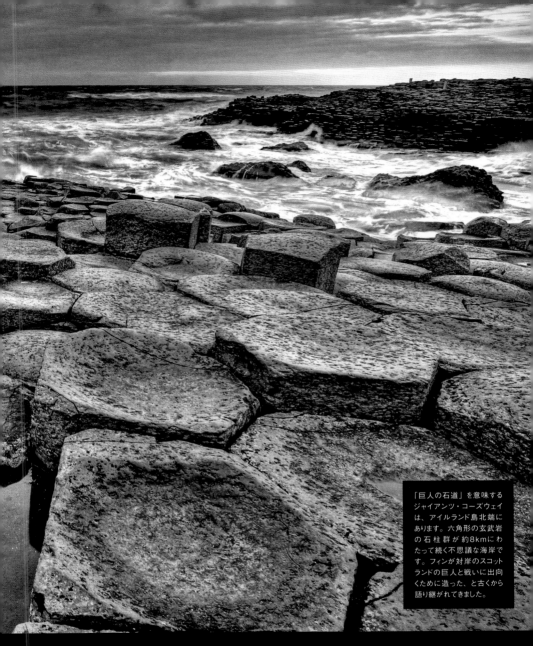

「巨人の石道」を意味する
ジャイアンツ・コーズウェイ
は、アイルランド島北端に
あります。六角形の玄武岩
の石柱群が約8kmにわ
たって続く不思議な海岸で
す。フィンが対岸のスコット
ランドの巨人と戦いに出向
くために造った、と古くから
語り継がれてきました。

A フィン・マックールは
クー・フリンと並ぶ英雄です。

フィンはクー・フリンより300年ほどのちの時代を生きたとされています。アイルランドの守
護者で、世界遺産ジャイアンツ・コーズウェイの奇観を造ったと伝わります。

ケルト神話のもうひとりの英雄は、より人間らしい存在でした。

フィアナ騎士団を率いたフィン・マックールは勇敢な戦士でした。
しかし、ときには人間らしい失敗をすることもありました。

Q フィン・マックールはどんな英雄なの?

A 勇敢な戦士であると同時に偉大な魔法使いです。

フィン・マックールは勇敢な戦士ですが、修行時代に出会ったドルイド(祭司)が大事にしていた「知恵の鮭」を食べて以降、親指をなめるとあらゆる知恵が得られるようになり、また彼が両手ですくった水は怪我人や病人を治す魔法の水に変化するようにもなりました。これらの力を使い、フィン・マックールはフィアナ騎士団の団長になったのです。

フィン・マックールの冒険譚は、絵本や小説などの形で現在でも親しまれています。

フィン・マックールと「知恵の鮭」が描かれたアイルランドの切手。

② フィアナ騎士団ってどんな集団なの？

A アイルランドの王を守る騎士たちの集団です。

フィアナ騎士団はアイルランド王を守る騎士たちです。フィアナとはアイルランド語で「兵士」を意味しています。フィン・マックールは、「炎の息のアイレン」という20年間誰も倒せなかった怪物を倒したことで騎士たちに力を認められ、騎士団長になりました。

『夜明けの英雄』（ヴァイオレット・ラッセル）より「アイレンと戦うフィン」（ベアトリス・エルヴァリー）。「炎の息のアイレン」は、炎を吐き魔法の堅琴を使って敵を眠らせる妖精です。フィン・マックールのもつ魔法の槍が堅琴の魔法に打ち勝ち、最後は倒されました。

③ フィン・マックールの最期はどうなるの？

A 騎士団員の信頼を失い、戦場で死んでしまいます。

晩年のフィン・マックールは、グラーニアという若い娘と結婚しようとします。ところが、彼女がフィアナ騎士団の騎士のひとりと駆け落ちしてしまいます。怒ったフィンは若い騎士を殺そうしますが、そのことで騎士団員たちの信頼を失ってしまいます。やがて、アイルランド王とフィアナ騎士団の間に争いが起きると、騎士団は分裂し、フィンは孤軍奮闘しながらも戦場で命を落としたのです。

フィン・マックールはしばしば鹿と関連づけられます。これは、彼が牡鹿に変身する能力があったからだとされています。

★COLUMN★ 神話が描かれた書物④ リズモアの書

フィン・マックールの物語を現在に伝える写本のひとつで、15世紀初頭のアイルランドで成立しています。作者は、フィン・マックールの息子である吟遊詩人のオシーンによるものと考えられており、そこから、フィン・マックールの冒険譚のことを「オシーン物語群」と呼ぶこともあります。

『新年』。ドルイドたちが新年を祝っている様子が描かれています。先頭のドルイドが大切そうに運んでいるのはヤドリギです。

A ドルイドは魔法によって 自然現象を操ることができました。

ファンタジー系の物語などにしばしば登場するドルイドは、ケルト文化に起源があります。

ケルトの秘儀を伝えてきた、
謎めいた存在のドルイドたち。

ケルトの信仰の中心にいたのが、「ドルイド」と呼ばれる祭司たちです。
彼らは、森のなかで神秘的な儀式を行っていました。

⟳ ドルイドたちはなにを信仰していたの?

A 自然と数多くの神様を信仰していました。

ドルイドの信仰は、自然崇拝の多神教とされています。彼らはオーク（楢の木）の森を聖なる地と考え、ヤドリギ（宿り木）を飲み物にするとどんな動物も多産となり、あらゆる毒の解毒剤になると信じていました。また、四つ葉のクローバーを崇拝していたとも伝えられています。

四つ葉のクローバーに
代表される希少な植物
も、ドルイドの崇拝対
象とされています。

朝の光に包まれたオークの森。ドルイドは、オークに寄生するヤドリギを珍重しました。

② ドルイドたちは、どんな宗教儀式を行っていたの？

A 人身御供を捧げていたともいわれています。

ドルイドたちは祈りを捧げるとき、人間を生け贄にしたと考えられています。また、ケルト人には人の頭部を聖なるものとして崇拝する風習がありました。戦争で得た敵の首は、門に飾られたり、神殿への供物として扱われました。そのため、ケルト芸術には人頭のモチーフが数多く見られます。

いくつかの文献には、ドルイドが人身御供の儀式に関わっていたことが記されていますが、その考古学的な証拠はみつかっていません。

③ ケルトの神話や歴史の記録は残っているの？

A あまり残っていません。

ドルイドたちは、大事なことを文字にするのは正しくないと考え、神話や宗教的な教えなどは、すべて口承で代々伝えていました。そのため、文字記録は残っていないのです。口伝えで教えられたことを、すべて暗記するには長い年月を要したともいわれています。

古い書物に残されたドルイドのイラストにも、本や紙、筆記具といったものが描かれていません。

Q ケルト神話の
有名なエピソードを教えて!

A アーサー王の物語が有名です。

アーサー王は円卓の騎士とともに、巨人退治やローマ遠征を行いました。

ケルト神話の掉尾を飾る
アーサー王と円卓の騎士の物語。

アーサー王と円卓の騎士たちの冒険の伝説は、
さまざまな騎士物語の原型となっています。

Q アーサーはどうやって王になったの？

A 誰も引き抜けなかった剣を抜いたことで王になりました。

若き日のアーサーは、「これを引き抜いた者は王となるだろう」と書かれた台座に刺さっていた剣を引き抜いたことで、
ブリトン（ケルト）人の王の座を手に入れました。その後、魔法使いマーリンの助けを得ながら、多くの騎士たちを臣
下に迎えて「円卓の騎士」を結成し、聖杯の探索に向かいました。

『13世紀のマーリン』（ロバー
ト・デ・ボロン）より「アーサー
が岩から剣を引き抜く物語」（ハ
ワード・パイル）。台座からアー
サーが剣を引き抜くところが描
かれています。

② 聖杯ってなに？

A 神秘的な力をもつとされる杯のことです。

聖杯は、アーサー王物語以外にも中世のさまざまな騎士道伝説に登場する神秘的な杯で、病気を治す力があるとされています。一説には、この杯はイエスの最後の晩餐のときに用いられたものとも、十字架上のイエスの血を受けたものともいわれています。

③ いちばん有名な円卓の騎士は？

A ランスロットです。

アーサー王に仕えた騎士たちは、王も含めて全員が対等であることを示すため円卓を囲みました。そのため、騎士たちは「円卓の騎士」と呼ばれます。円卓の騎士のなかで有名なのは、勇猛果敢で立ち振る舞いも立派なランスロットです。しかし、のちに彼はアーサー王の妃と不義の恋に落ちたことで、アーサー王と対立してしまいます。

『聖杯の探求』（エドワード・バーン＝ジョーンズ）。右端に鎮座する聖杯を、円卓の騎士ガラハッド（中央右の人物）が見つけた場面が描かれています。

『円卓についた騎士たち』（エヴラード・デスピンカス）。円卓の騎士のランスロットは、この絵のなかでは正面の立ち上がった人物の向かって左に描かれています。

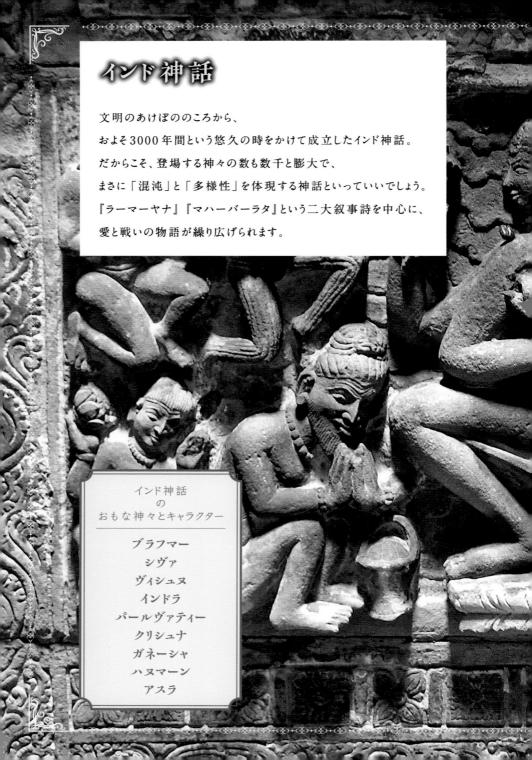

インド神話

文明のあけぼののころから、
およそ3000年間という悠久の時をかけて成立したインド神話。
だからこそ、登場する神々の数も数千と膨大で、
まさに「混沌」と「多様性」を体現する神話といっていいでしょう。
『ラーマーヤナ』『マハーバーラタ』という二大叙事詩を中心に、
愛と戦いの物語が繰り広げられます。

インド神話
の
おもな神々とキャラクター

ブラフマー
シヴァ
ヴィシュヌ
インドラ
パールヴァティー
クリシュナ
ガネーシャ
ハヌマーン
アスラ

インドのカルナータカ地方にあるアイホール寺院に残された創造神ブラフマーなどの石像です。6～7世紀に創られたとされます。

Q インドには神様が
　　たくさんいるのはなぜ?

世界最大のヒンドゥー寺院
とされるインドのミナクシ寺
院。その楼門は無数の神
様のレリーフで埋め尽くされ
ています。

Ａ 3000年もの歳月をかけて成立した、
スケールの大きな神話だからです。

インド神話のベースとなるのは、インド固有の宗教であるヒンドゥー教です。ヒンドゥー教はバラモ
ン教を基盤に、さまざまな宗教を融合させて出来上がりました。

インドの大地に息づいている
ヒンドゥー教の神々への信仰。

たくさんの神様が登場するのがインド神話です。
ヒンドゥー教の神様は、現世利益を与えてくれる存在として、
いまも厚い信仰を集めています。

① 多くの手や顔を持つ神様がいるのはなぜ？

A 人間を超えた能力を示すためです。

ヒンドゥー教の神様に手や顔が多いのは、人間を超えた能力をもっていることを表しています。例えば、顔が多いのは世界の隅々まで死角がなく見渡せるという意味です。ただ、ブラフマー神のように、美しい妻の顔をつねに見ていたため4つの顔が生じたという神話もあります。

アイラーヴァタに乗るインドラ。雷と雨の神インドラが、原初の海から現れた白象アイラーヴァタに乗っています。よく見ると、2本の腕にもった棒で象を操り、さらに2本の腕には雷を象徴する武器ヴァジュラ（金剛杵）があります。

② ヒンドゥー教の神様の特徴は？

A 現世利益を与えてくれることです。

ヒンドゥー教の神々は、崇拝すれば現世利益を授けてくれる存在です。どんなご利益があるかは神様によって異なりますが、とくに人気があるのは象の頭をもったガネーシャで、商売の神様として商人などから絶大な信仰を集めています。

富の神ガネーシャ。事業・商業と学問の神ガネーシャは、でっぷりと太った腹をした人間の身体に、片方の牙が折れた象の頭で、4本の腕があります。インドの商店の軒先には、ガネーシャの像がよく置かれています。

③ ヒンドゥー教の神様は、仏教とも関係があるの？

A のちに仏教に取り入れられました。

仏教とヒンドゥー教の神々は当初は関係ありませんでしたが、次第に仏教のなかにヒンドゥー教の神々が取り入れられ、仏教の護法神となっていきました。例えば、インドラは帝釈天、サラスヴァティーは弁財天（べんざいてん）、ヤマは閻魔（えんま）になりました。また阿修羅（あしゅら）も、もともとはヒンドゥー教の鬼神です。そのような存在を仏教では「天部衆（てんぶしゅう）」と呼んでいます。

アンコール・ワットの回廊のレリーフに描かれたアシュラ

阿修羅石像。アシュラは、もともとはヴァルナ神とその眷属（けんぞく）のことでしたが、時代が下ると魔族として捉えられるようになりました。のちにそれが仏教に取り入れられ、仏像でも有名な阿修羅となりました。

★COLUMN★
神話でめぐる
世界遺産 ⑥

カンボジアに眠るアンコール・ワット

9世紀ごろからカンボジア周辺を支配したクメール王朝の王たちは、ヒンドゥー教を信仰し、数々のヒンドゥー寺院（神殿）を建設しました。その最高傑作が、世界遺産にもなっているアンコール・ワットです。アンコール・ワットの回廊にあるレリーフ（浮き彫り）には、ヒンドゥー教に関連した物語が多数残されています。

夕暮れのアンコール・ワット。アンコール・ワットはカンボジアを代表する遺跡で、国旗にも描かれています。

Q

ヒンドゥー教で
有名な神様って？

A

ブラフマー、ヴィシュヌ、シヴァの
三大神が有名です。

この三大神が宇宙のすべてを支配しているとされています。

世界の「創造」「維持」「破壊」を司る神様の様相は宇宙の原理と同じ。

ヒンドゥー神話では、世界を創る神様をはじめ、
世界を維持する神様、世界を破壊する神様が等しく崇拝されていて、
同一の存在ともみなされています。

ブラフマーについて教えて！

A 「創造」を司る神様です。

4つの顔に4本の腕をもった姿で表されるブラフマーは、ヒンドゥー神話では宇宙を創造した神様とされています。妻は芸術と学問を司る女神サラスヴァティーです。ヒンドゥーの神々のなかで最高神とみなされることもありますが、抽象的な存在のため、信仰している人はあまり多くありません。

インド南部のバダミにある石窟寺院群に彫られたブラフマー。4本の腕で、
筆記具や杓、生命の象徴である水の入った器などをもっています。

② ヴィシュヌはどんな神様？

A 「維持」を司る神様です。

民衆の間で人気の高いヴィシュヌは、「維持」を司る神様です。世界が破滅に瀕したとき、さまざまな化身（アヴァターラ）として地上に現れ、世界を守り、維持します。ヴィシュヌのアヴァターラは10あるとされ、最も有名なのは勇敢な戦士であるクリシュナです。また、仏教の開祖であるブッダが、ヴィシュヌのアヴァターラに数えられることもあります。

自身の10のアヴァターラに囲まれたヴィシュヌ。ヴィシュヌのアヴァターラとしてのブッダも、左側に描かれています。

③ シヴァが破壊神ってこと？

A はい、「破壊」を司ります。

額に第三の目をもつ姿で表されるシヴァは、「破壊」を司る神様です。その第三の目から放たれる光は、あらゆるものを灰燼（かいじん）に帰すとされています。恐ろしい神様ですが、破壊のあとには必ず再生があると考えられているため、インドでは広く信仰されています。ちなみに、「創造」、「維持」、「破壊」をそれぞれ司るブラフマー、ヴィシュヌ、シヴァは宇宙に存在する3つの様相であり、本質的には同一の存在ともされています。これを「三神一体（トリムルティ）」といいます。

ヒンドゥー教の聖地リシケーシュにあるシヴァ像。

シヴァを崇めるシヴァリンガ。シヴァは、人間の姿だけでなく男根のシンボル（リンガ）で崇められることも多い神様です。

Q 『マハーバーラタ』と
　『ラーマーヤナ』について教えて！

『マハーバーラタ』に描かれているカウラバ族とパーンダバ族の戦いの様子。

A インド神話を伝える
重要な叙事詩です。

『マハーバーラタ』と『ラーマーヤナ』は紀元前500年ごろから成立しはじめました。
神々のドラマと、人間のドラマという違いがあります。ちなみに、ブラフマーは紀元前
900〜700年ごろから表舞台に登場しますが、シヴァとヴィシュヌは『マハーバーラタ』
と『ラーマーヤナ』が成立した時期の神様です。

神々と人間の物語を、
いまに伝える2つの長編叙事詩。

神話のさまざまなエピソードが語られる『マハーバーラタ』と
王子の冒険譚である『ラーマーヤナ』は、
インド国外にも広まり、各地に大きな影響を与えました。

Q 『マハーバーラタ』ってどんな話なの?

A 古代からインドに伝わる
さまざまな神話や伝説が語られています。

4世紀ごろにまとめられた『マハーバーラタ』は、大筋としてはバーラタ王家の王位継承にまつわる物語です。聖書の4倍もの長さといわれる長大なその物語のなかで、無数の登場人物たちが他の人に語るという形で、古代からインドに伝わるさまざまな神話や伝説、さらにはヒンドゥー教の教義が披露されます。

14世紀のフレスコ画に描かれたクリシュナ。『マハーバーラタ』の壮大な物語で重要な位置を占めるクリシュナは、ヴィシュヌの8番目のアヴァターラです。

② 『ラーマーヤナ』は、どんな話なの?

A 王子が魔王に奪われた妻を取り戻す冒険譚です。

『ラーマーヤナ』も4世紀ごろにまとめられました。物語は、魔王ラーヴァナに妻シーターを誘拐されてしまったコーサラ国のラーマ王子が、苦難の末に妻を取り戻すというものです。この叙事詩はインドのみならず、東南アジア全域で広く愛されています。ちなみに、ラーマ王子はヴィシュヌのアヴァターラのひとつとも考えられています。

インドネシアでの『ラーマーヤナ』の演舞。『ラーマーヤナ』は、文学のみならず、絵画や彫刻、さらに東南アジアなどでは演劇の形でも広がりました。

---

③ 『ラーマーヤナ』の登場人物で、ラーマ王子の次に有名なのは?

A 神猿のハヌマーンでしょう。

ハヌマーンは『ラーマーヤナ』に登場する神猿で、優れた戦士であり、弁も立ちます。ラーマ王子の味方となって、魔王から妻を取り戻す手助けをしました。一説には、このハヌマーンが中国に伝わり、『西遊記』の主人公・孫悟空のモデルになったともいわれています。

ハヌマーン。ハヌマーンが、ラーマの弟のため薬草のある山を届ける場面を描いたものです。どれが必要な薬草かわからないので、「山ごと」持ち帰るとはダイナミックな描写です。

『玉兎(ぎょくと)』(月岡芳年『月百姿』より)。日本の浮世絵にも、孫悟空が描かれているものがあります。

エジプト神話

エジプト神話は、「エジプトはナイルの賜物」の言葉どおり、
ナイル川下流の流域やデルタ地帯に定住した人々がつくりあげました。
神々はミイラに代表される独特の死生観や動物の頭をもつ個性的な姿です。
そしてエジプトの歴代の支配者たちは、神様そのものとして君臨し、
ピラミッドなどの巨大建築物を後世に遺しました。

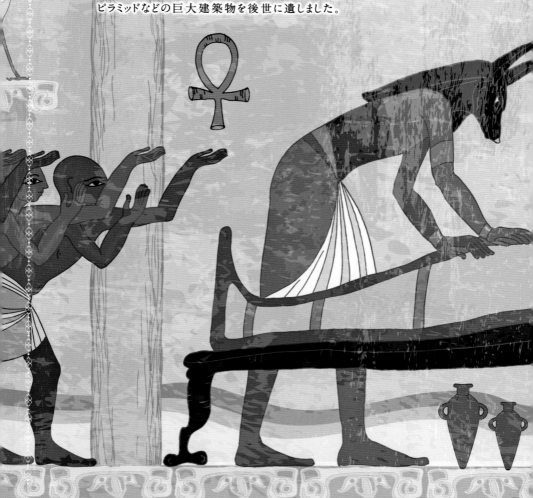

エジプト神話のおもな神々

ラー	イシス	ホルス
シュー	ネフティス	アメン
テフヌト	オシリス	バステト
ゲブ	セト	

古代エジプトでは、死後の再生が信じられていました。冥界の神アヌビスと、死後の生まれ変わりを信じてミイラとなったファラオが描かれています。

プセンネス1世の棺の飾り
板。右端がホルスです。
中央の眼もホルスのもの
で、邪悪な霊を退ける力が
あるとされています。

Ａ 動物の頭をもつ
　神様が多いことです。

豊かな自然の古代エジプトを、反映した神々たち──。

現在のエジプトには「砂漠の国」というイメージがありますが、
古代にはナイル川の恵みにより、多様な生き物であふれていました。
それがエジプトの神話にも反映されています。

① ハヤブサのほかに、どんな動物の頭の神様がいるの?

A イヌ、ネコ、ジャッカルなど多種多様です。

エジプト神話には、イヌの頭をしたアヌビスやネコの頭をしたバステト、ジャッカルの頭をしたセトなど、さまざまな生き物の頭部を持った神様が登場します。なかには、フンコロガシの頭をした神様までいます。

左のセトと右のホルスが、中央に描かれたラムセス2世に戴冠し、祝福しています。

② エジプト神話で中心となる神様は？

A エジプト九柱神です。

創造の神アトゥム、大気の神シュー、湿気の女神テフヌト、大地の神ゲブ、天空の女神ヌト、冥界の神オシリス、豊穣の女神イシス、戦争の神セト、葬祭の女神ネフティスの9柱がエジプト神話で中心となる神々で、「エジプト九柱神」や「ヘリオポリス九柱神」と呼ばれています。ただ、時代や地域によって組み合せは変わり、ラーやホルスが9柱に入れられることもあります。

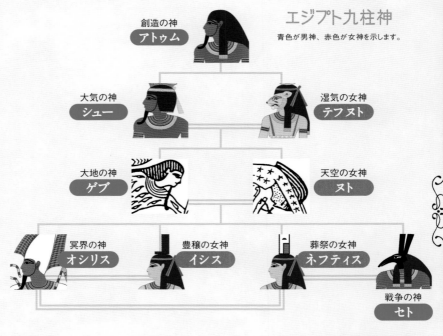

エジプト九柱神

青色が男神、赤色が女神を示します。

創造の神 **アトゥム**

大気の神 **シュー**　湿気の女神 **テフヌト**

大地の神 **ゲブ**　天空の女神 **ヌト**

冥界の神 **オシリス**　豊穣の女神 **イシス**　葬祭の女神 **ネフティス**

戦争の神 **セト**

③ 九柱神のほかに、重要な神様はいる？

A 知恵を司る神、トートがいます。

トートは朱鷺の頭、あるいはヒヒの姿で表される神様で、知恵を司るとされています。また、エジプト文字のヒエログリフ（神聖文字）を発明したとも伝えられています。古代エジプトでは王侯貴族から庶民まで幅広い信仰を集め、古代ローマ帝国でも信仰されていました。

王座に座るトート。トートのくちばしは三日月を示し、その羽の色は月の満ち欠けを示しています。

Q 古代エジプトで世界を創った
とされている神様は？

ラムセス2世が建造したアブシンベル神殿。大神殿と小神殿からなり、大神殿（写真）には太陽神ラーが祀られています。ちなみに、入口の両側に立つ4体の像は、すべて建造者のラムセス2世です。

A 太陽神のラーです。

古来、太陽は世界各地で崇められてきました。
それはエジプトでも同じです。

エジプト神話では、太陽神がつねに中心にいました。

最高神である太陽神ラーは、崇拝されると同時におそれられる存在です。
また時代を経るにつれ、さまざまな神様がラーと同一視されるようになりました。

人間もラーが創ったの？

A ラーの涙から最初の人間が誕生しました。

あるとき、太陽神ラーの子どもである大気の神シューと湿気の女神テフヌトが旅に出ましたが、なかなか帰ってきませんでした。子どもたちの身を案じたラーは、ようやく2人が帰ってくると安堵のあまり涙を流しました。その涙から最初の人間が生まれたと伝えられています。

王妃の墓に描かれたラー。ラムセス2世の妃ネフェルタリの墓に、太陽神ラーが描かれています。

② ラーはどんな力を 持っているの?

A 恩恵と同時に、破壊ももたらします。

太陽が人間にさまざまな恵みをもたらすとともに旱魃(かんばつ)などの災害をも引き起こすように、太陽神ラーも恩恵と破滅の両方を人間に与えます。ラーの目から放たれる強力な光は、あらゆる物を焼き滅ぼすとされました。また、ラーは人間たちが自分を崇めなくなったので、疫病の女神セクメトを地上に送ったこともあります。

アメン=ラー。アメンとラーが一体化され、描かれ方もアメンのイメージとラーのイメージが合わさって表現されるようになりました。

③ 太陽神についてもっと教えて!

A アメンやホルスなども太陽神です。

ラーはエジプト神話の主神ですが、紀元前21世紀ごろから「アメン」という神様が信仰を集めるようになりました。アメンはもともと大気と豊穣の神様でしたが、次第にラーと一体化し、太陽神とみなされるようになります。また、アテンやホルスなどが太陽神とみなされ、主神となったこともあります。エジプト神話では、地域や時代によって中心となる神様が大きく変わっていきました。

カイロ市を流れるナイル川。「エジプトはナイルの賜物」という有名な言葉があります。たびたび氾濫を起こすナイル川は、それによって文明を発展させたとも考えられています。恩恵と破壊は相反するものではなく、一体のものという考え方の表れなのかもしれません。

Q
エジプトの神様について
もっと教えて！

A
王様も神様とみなされていました。

古代エジプトでは「支配者＝神様」と考えられており、
王であるファラオも神様として崇められていました。

ファラオたちは死後の復活を信じ、ミイラやピラミッドを造りました。

肉体が残っていれば、死んだ後も魂が戻ってきて復活できると、
古代のエジプト人たちは考えていました。
そこで、再生のために数々の工夫をしたのです。

Q ファラオはどの神様と同一視されたの？

A そのとき人気のあった神様の化身とされました。

ファラオは、その時代や地域で最も人気のあった神様の化身とされました。そして、自分の名前にその神様の名前をつけました。例えば、紀元前14世紀のファラオであるツタンカーメン（トゥト・アンク・アメン）の名前には、太陽神アメンの名が入っています。ほかにも、紀元前12世紀のセトナクトには戦争の神セトの名が、紀元前25世紀のサフラーには太陽神ラーの名が入っています。

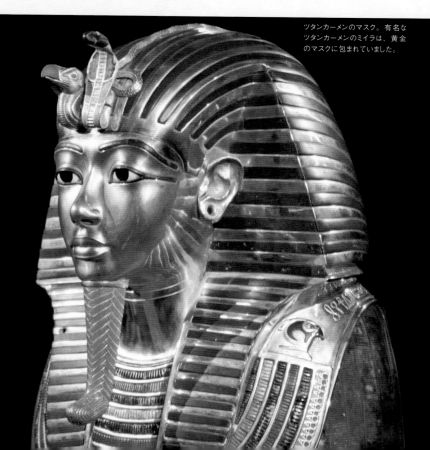

ツタンカーメンのマスク。有名な
ツタンカーメンのミイラは、黄金
のマスクに包まれていました。

② 古代エジプト人は死後の再生を信じていたの?

A 信じていました。

古代エジプト人は、太陽が毎朝繰り返し昇る様子から、人間も死後再生すると信じていました。死ぬと魂は肉体から離れていったん冥界に行きますが、肉体が残っていればやがて魂は戻ってくると考えたのです。そのため、ファラオをはじめとする王侯貴族は、こぞってミイラを製作しました。ちなみに、裕福な人たちは飼っていた猫のミイラも作っています。

あるエジプト人のミイラ。

ネコのミイラ。ミイラ職人は、まず死者の肝臓などの臓器を取り除き、それらを壺に収めます。次に体全体を塩漬けにして乾燥させ、防腐処理を施します。その後、おがくずなどの乾いた材料で包んだうえで、麻の包帯でくるみ、名札と護符をつけます。最後にミイラは棺に納められ、眠りにつくのです。

③ ピラミッドはお墓なの?

A 再生のための施設とも考えられています。

エジプトには、クフ王のピラミッド、カフラー王のピラミッド、メンカウラー王のピラミッドの三大ピラミッドを筆頭に、いくつものピラミッドが残されています。一般的には、ピラミッドは王の墓とされていますが、王家の墓は別にあるため、死後の再生のために造られた施設という説もあります。ただ、いまだに「なんのために」、「どのようにして」造ったのかは謎に包まれています。

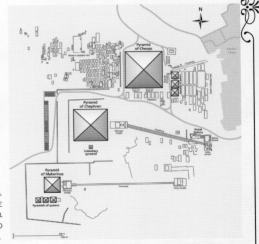

三大ピラミッドの位置関係を示した地図。右上がクフ王、真ん中がカフラー王、左下がメンカウラー王のピラミッドです。これらのピラミッドが造られたのは、ファラオの権威が絶対だった時代と一致しています。

★COLUMN★
神話が描かれた書物⑤ **死者の書**

古代エジプトでは、埋葬するときに死者とともにパピルスにヒエログリフ（神聖文字）と絵を描いた文書を残しました。これを「死者の書」といいます。死者の書には、死者の霊魂が肉体を離れて死後の楽園にたどり着くまでの道しるべが描かれています。

オリエント神話

チグリス川とユーフラテス川にはさまれた「肥沃な三日月地帯」は、
古来より血で血を争う覇権争いの舞台となってきました。
そんななか語られてきた神話体系を、ここではひとまとめにオリエント神話と呼びます。
宗教色が薄く、物語性の強い世界観が、
『ギルガメッシュ叙事詩』を頂点とする数々の物語を生み出しました。

オリエント神話
の
おもな神々とキャラクター

アヌ
エア
ティアマト
アプスー
ギルガメッシュ
エンキドゥ
イシュタル（イナンナ）
キングー
エレキシュガル

ライオンは女神イシュタルの力の象徴とされています。

Q『ギルガメッシュ叙事詩』には、
なにが描かれているの？

『洪水』（ミケランジェロ・ブオナローティ）。大洪水の物語といえば『旧約聖書』の「ノアの方舟」が有名ですが、それより先に成立した『ギルガメッシュ叙事詩』にも大洪水の物語があります。

Ａ 半神半人の英雄による
不死を求める旅です。

謎多きオリエント神話を、断片的にいまに伝える物語。

史上最古の神話物語のひとつともされる『ギルガメッシュ叙事詩』は、
いまでは失われたオリエント神話を知るための重要な手がかりとなっています。

Q 『ギルガメッシュ叙事詩』の中心人物は？

A ウルクの王ギルガメッシュと友人のエンキドゥです。

半神半人のギルガメッシュはウルクという都市を治める暴君で、民衆から恐れられていました。そこで、神様は粘土からエンキドゥという人間を創り、ギルガメッシュと戦わせます。2人は格闘を繰り広げますが決着がつかず、互いの力を認めて友人となりました。そして、巨人フンババや天の雄牛を倒すなど、協力して冒険の旅を繰り広げることになるのです。

ライオンを捕獲したギルガメッシュ。ルーブル美術館に所蔵されているレリーフで、古代王国アッシリアの首都だったこともある、ドゥル・シャルキン（現在のイラク）に残るサルゴン1世宮殿で発見されました。

『ギルガメッシュ叙事詩』が刻まれた粘土板。考古学者たちの努力によって、バラバラになった粘土板の断片がつなぎ合わされて復元されました。

② ギルガメッシュが、不死を求めたのはなぜ？

A エンキドゥが死んでしまったためです。

ギルガメッシュとエンキドゥは、やがて神様さえも超える力を発揮するようになりました。これを恐れた神々は、2人のうちどちらかが死ななければならないと決め、エンキドゥが死の呪いを受けることになります。親友の死を深く悲しんだギルガメッシュは、不死を求めてさまようようになりました。

フンババと戦うギルガメッシュとエンキドゥ。現在のシリアにある古代都市国家グザナ（現在のテル・ハラフ）から出土したレリーフで、ギルガメッシュの物語が広範囲の地域にわたり広がっていたことを偲ばせます。

③ ギルガメッシュは不死になれたの？

A なれませんでした。

ギルガメッシュは不死を求めて放浪しますが、結局、手に入れることができず、ウルクに帰還します。人間がいつかは死ぬ定めから逃れられないことを知ったギルガメッシュには粗暴さがなくなり、民衆から尊敬される王として城壁を築くなどの功績を残し、名君と称えられました。

ウルク遺跡。叙事詩にも触れられている泥でできたレンガの神殿とウルクの城壁の遺跡が、イラク領内のサマーワ近郊に残されています。

★COLUMN★ 神話が描かれた書物⑥ 最古の物語・ギルガメッシュ叙事詩

現在のイラクにあったニネヴェという都市の図書館から見つかった12枚の粘土板、それが世界最古とされる『ギルガメッシュ叙事詩』で、紀元前1300〜1200年に成立したとされています。口承の物語自体は、さらにさかのぼり、紀元前3000年ごろに成立していた可能性もあります。

Q 『ギルガメッシュ叙事詩』にも女神は出てくるの？

バビロニアの古都バビロン（現在のイラク）には、イシュタルの名を冠した門がありました。牡牛のレリーフが彫られた青い釉薬（ゆうやく）タイルで装飾されています。写真はベルリンの博物館に展示されているイシュタル門の復元です。

A イシュタルがそうです。

ヨーロッパの神話や宗教の源流となった神々の物語。

オリエント神話の神々や物語は、
ギリシア神話やユダヤ教、キリスト教などにも大きな影響を与えました。

イシュタルの物語のエピソードについて教えて！

A 「冥界下り」がよく知られています。

イシュタルには冥界を支配する女神エレシュキガルという姉がいましたが、姉妹の仲はよくありませんでした。あるとき、イシュタルが冥界を訪れると、エレシュキガルは彼女を捕えて殺してしまいます。最終的にイシュタルは復活するのですが、その際、夫である男神ドゥムジを自分の身代わりとして差し出すことで助かったという話も伝えられています。

『バビロニアとアッシリアの神話と伝説』（ルイス・スペンス）より『華やかな衣装を身にまとうイシュタル』。イシュタルは豊穣と性愛の女神として知られ、彼女が冥界下りをしていなくなると、地上から愛が消え、世界が暗くなったとされてます。

② オリエント神話では、ほかにどんな神様がいるの？

A アヌ、エンリル、エアが、主要な神様とされています。

アヌは天空の神様で、創造神でもあり、オリエント神話における最高神とされています。エンリルは凶暴な嵐の神様で、実質的な神々の指導者ともいわれています。また、人間はエンリルに創られたとする神話もあります。エア（エンキ）は水の神様であり、知恵を司る神様で、つねに人間の味方をしてくれます。

玉座に腰掛けるエンリル。消失していますが、両手でなにかをもっていたと考えられます。

③ オリエント神話で、ほかに有名なエピソードはある？

A 大洪水神話が有名です。

エンリルは増えすぎて自分に従わなくなった人間が目障りになり、大洪水によって滅ぼそうとします。しかし、そのことを知ったエアは、ひとりの人間に洪水が起きることを教え、巨大な船を造らせました。これにより人類は絶滅を免れました。この大洪水神話は、旧約聖書の「ノアの方舟」の逸話にも影響を与えています。

アッカド語によるギルガメシュ叙事詩の大洪水を語る粘土板。

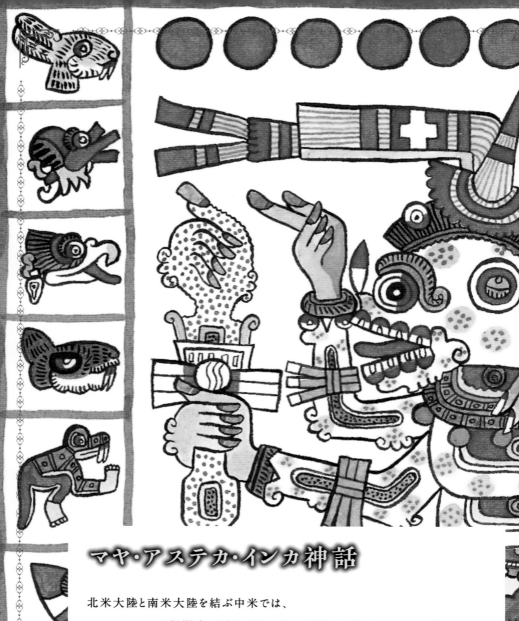

マヤ・アステカ・インカ神話

北米大陸と南米大陸を結ぶ中米では、
ヨーロッパからの征服者が訪れる前からさまざまな文明が興亡していました。
なかでもマヤ人、アステカ人が遺した神話では、神々が生き生きと描かれており、
中米に共通する「血を捧げる習慣」を含め、
世界のどの神話とも異なる物語が語られています。

マヤ・アステカ・インカ神話
の
おもな神々
━━━━━━━
グクマッツ
イツァムナ
ケツァルコアトル
テスカトリポカ
シペ・トテック
トラロック

右に描かれているのが、生を司るエヘカトル（ケツァルコアトル）、左に描かれているのは死を司るミクトランテクウトリという神様です。生と死が均等であることを示しているとされます。

Q

マヤ・アステカ神話で
象徴的な場所は？

A
チチェン・イツァの
セノーテが有名です。

チチェン・イツァのセノーテは一見、とてもキレイな泉です。
ところが実は、ここは人間の生贄を投げ込む儀式の場
だったのです。

チチェン・イツァのセノーテ。
石灰質の大地と地下水が
作り出した聖なる泉は、透
明度が高く、幻想的な印
象です。しかし、発掘調査
の結果、この泉から人骨
や祭具が大量に見つかっ
ています。

ユカタン半島では翼ある蛇が、最高神として崇められました。

中米で栄えていた2つの文明、マヤとアステカ。
熱帯雨林に覆われたこの地では、独特な神話が発展してきました。

① マヤ・アステカ神話で、いちばん重要な神様は?

A ケツァルコアトルです。

ケツァルコアトルは、翼をもった蛇の姿をした神様で、マヤ神話では
ククルカンという名前で呼ばれています。マヤ神話では、人間を創
り、文明を与えたとされています。アステカ神話では古くは農耕神
と考えられていましたが、のちにマヤ神話と同じく、人間に火と文明
を与えた神様とみなされるようになりました。

『ボルボニクス絵文書』に描かれた
ケツァルコアトル。「ケツァル」は鳥、
「コアトル」は蛇という意味ですが、
ほかにもさまざまな姿で描かれます。

② マヤ神話では人間はどうやってできたの?

A ククルカンとテペウという神様が話し合って創りました。

ククルカンとテペウは最初、泥から人間を創ろうとしました
が、柔らかくて溶けてしまい失敗しました。次に木から創ると
人間の形にはなりましたが、知性をもっておらず、これも失
敗に終わります。3回目にトウモロコシから創ると、ようやく2
柱の神様が望んだ知性をもった人間が誕生したのです。

トウモロコシの神センテオトル。最初の人間はト
ウモロコシから創られたので、人々はトウモロコシ
の神様を崇拝しました。この神様は、トウモロコ
シの穂のような頭飾りをつけています。

③ アステカの創世神話について教えて！

A 過去に4回世界が創られ、滅んだとしています。

アステカ神話では、現在の世界ができる前に4つの世界があって、すべて滅んだとしています。最初の世界は巨人が支配していましたが、ジャガーに滅ぼされました。2番目の世界はケツァルコアトルが支配していましたが、大風で滅びました。3番目の世界は雨と雷の神トラロックが支配していましたが、火の雨で滅びました。4番目の世界は水の女神チャルチウィトリクエが支配していましたが、洪水で滅びました。5番目の現在の世界は太陽神トナティウが支配していますが、やがて空の怪物に滅ぼされるとされています。

5柱の世界の支配者

世界	支配者	滅亡の原因
最初の世界	巨人	ジャガー （ジャガーの姿をしたテスカトリポカ）
2番目の世界	ケツァルコアトル	大風
3番目の世界	トラロック	火の雨
4番目の世界	チャルチウィトリクエ	洪水
5番目の世界 （現在）	トナティウ	空の怪物

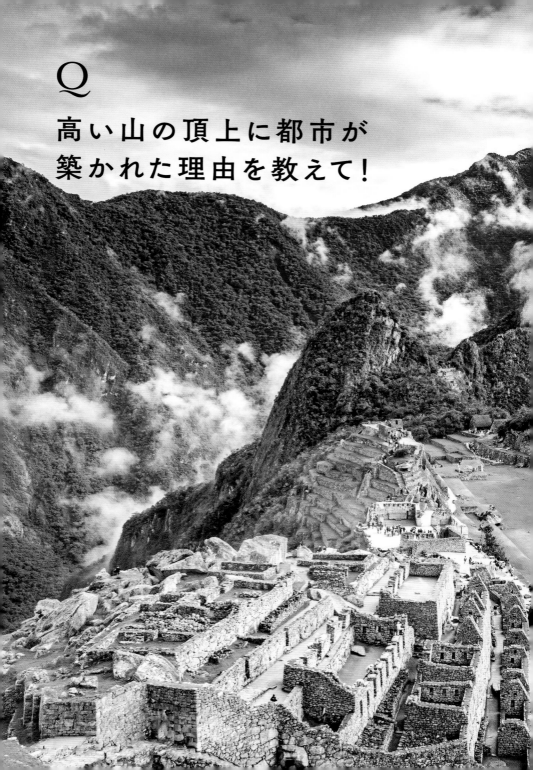

Q
高い山の頂上に都市が
築かれた理由を教えて!

マチュピチュ。標高約2000メートル以上の尾根上に築かれたインカ帝国の都市遺跡です。太陽神に最も近い神聖なる場所とされていたようです。

A

インカ人が太陽を信仰していたからです。

インカ人は太陽神崇拝を信仰の中心としており、皇帝を太陽の子と考えていました。

高度な文明のインカ帝国では、
太陽神が崇められていました。

16世紀にスペイン人に滅ぼされるまで繁栄していたインカ帝国では、
太陽神インティを中心とする独自の信仰が盛んでした。

インカ神話でいちばん重要な神様は?

A　太陽神インティです。

インティは太陽の神様で、虹を司るともされています。さらに、世界創造の基礎となる水・土・火の3つの要素を統べるともされており、金の円盤に人の顔を描いた姿で表されます。ちなみに、インカ帝国の皇帝はインティと同一視され、現人神であるとみなされていました。

インカの黄金のプレート。インカの人々は、金をインティの汗として尊びました。このプレートに描かれているのがインティです。

② インカ神話で人気のある神様は インティのほかにもいる?

A パチャママも人気です。

パチャママは豊穣を司る大地の女神です。あらゆるものの母親とされ、特定の姿で表されることはあまりありません。インカ帝国がスペインによって滅ぼされると、インカの神々のほとんどは信仰されなくなってしまいましたが、パチャママだけは、いまも南米のさまざまな地域で信仰されています。

アンデス地方のティンク祭。ティンク祭では、男性は牛の皮製のヘルメットをかぶり、ベストのような衣装を着ます。これは、伝統的なケチュア族などの戦闘の装束です。この祭りは、パチャママへ感謝の意を捧げるという意味があるといいます。

③ インカ神話の 英雄を教えて!

A 最初にインカ民族を統一した マンコ・カパックです。

マンコ・カパックは太陽神インティの息子で、自身も炎と太陽の神様です。彼が最初にインカ民族を統一したと神話では伝えられています。本当に実在した人物なのかは不明ですが、マンコ・カパックを初代の王とするクスコ王国は、のちにインカ帝国に発展していきました。

マンコ・カパック。インティは、タパク・ヤウリという金の杖を彼に授け、その杖が地面に沈んだ地に、太陽の神殿を作るように指示しました。

中国神話

日本人にとって文化的に近い中国ですが、

その神話は私たちが「神話」と聞いて想像するものとは

かなりギャップがあるかもしれません。

それは神々のエピソードが、孔子や関羽といった歴史上の人物と隔てなく、

いわば地続きに語られるからです。

また、神話を通じて政治や文化、技術革新なども語られるという特色があります。

長い歴史と悠久の大地が育んだ中国の神話は、中国の歴代王朝へとつながっていきます。

中国神話
の
おもな神々とキャラクター

古（か）
媧（き）
犧（ぎ）
農（のう）
帝（てい）
盤（ばん）
女（じょ）
伏（ふっ）
神（しん）
五（ご）

（黄帝（こうてい）、顓頊（せんぎょく）、嚳（こく）、堯（ぎょう）、舜（しゅん））

Q

中国神話の
神様について教えて！

天壇。中国の皇帝が天上の最高神を祀るために設けた祭壇です。15世紀に明の永楽帝が建立したとされています。

A

伝説的な8人の皇帝がいます。三皇は神様、五帝は聖人とみなされています。

一般的に、三皇は伏羲（ふっき）・神農（しんのう）・女媧（じょか）、五帝は黄帝（こうてい）・顓頊（せんぎょく）・嚳（こく）・堯（ぎょう）・舜（しゅん）で、理想的な君主として信仰されてきました。

神話の時代から古代夏王朝までを伝える三皇五帝の物語。

中国神話では、はじめ混沌しかなかった宇宙に神様が生まれてから、
最初の人間の王朝とされる夏王朝までの流れを伝えています。

Q 中国神話では、誰が世界を創ったの?

A 盤古という神様が創りました。

中国神話では、世界ができる前は混沌だけがあったとしています。やがて、その混沌のなかから盤古という神様が誕生し、混沌は少しずつ天と地に分かれ始めました。その後、長い年月のあとに盤古が死ぬと、死体の頭は5つの山になり、左目は太陽に、右目は月に、血液は海に、涙は川に、呼気は風に、毛髪は草木に、声は雷になったとされています。

『三才図会』に描かれた盤古。盤古は、毎日自身の背丈を伸ばしてゆき、1万8000歳のとき、ついに天地を分離しました。

中国神話では、人間はどうやって誕生したの？

② 中国神話では、人間はどうやって誕生したの？

A 女媧という女神によって創られました。

女媧は蛇身人首の女神で、三皇の1柱とされることもあります。あるとき、女媧は泥をこねて人間を創りました。はじめのうちはひとつひとつ丁寧に創っていたので、それは貴人となりました。ですが、次第に面倒になり、縄で泥を跳ね上げていっぺんに大量に創りました。そうやって泥の飛沫から産まれた人間は、凡人となったとされています。

女媧と伏羲（ふっき）。女媧（左）と伏羲は、兄妹または夫婦だともいわれています。また、女媧と伏羲が大洪水を生き延びて、いまの人類のはじめの人間となったという伝説もあります。

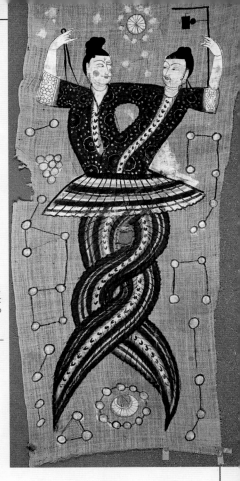

③ 中国神話に怪物は出てくる？

A 蚩尤が有名です。

蚩尤は、獣の体に銅の頭、鉄の額をもった怪物です。風、雨、煙、霧などを自在に操ることができ、また同じ姿をした兄弟が81人います。黄帝から王座を奪おうと、兄弟と無数の怪物を味方に反乱を起こしました。蚩尤の軍勢は黄帝を苦しめましたが、最後には敗れ、殺されてしまいます。

牛の角をもつ蚩尤の像。

Q

中国神話に、日本にもなじみ深い話ってある?

A

七夕は中国の伝説が由来です。

幸せな織姫(おりひめ)・牽牛(けんぎゅう)太郎夫妻を、天の女帝・西王母(せいおうぼ、王母娘娘)が引き裂きました。

『西王母・滝図』(狩野養信)。画面中央の西王母は古来、中国で信仰されてきた仙女。彼女の孫娘が、天の川から地上に降りて牽牛郎と恋をした織姫でした。

日本の民話の原型ともなった、中国の神話や伝説もあります。

日本の「織姫と彦星」や「浦島太郎」など、
私たちになじみの深い物語のルーツには、
中国の神話や伝説にあると考えられているものもあります。

🔄 中国神話の面白いエピソードを教えて！

A 仙女が月でヒキガエルになったという神語があります。

日本では月にウサギが暮らしているという伝説がありますが、中国ではヒキガエルがいるとされています。嫦娥（じょうが）という仙女が、夫の后羿（こうげい）が西王母から貰った不老不死の霊薬を独り占めにしようと盗んで月に隠れますが、夫を裏切った罰により、月にとどまってヒキガエルになったとされています。

「嫦娥月へ奔る」（月岡芳年）。嫦娥の物語は、日本の浮世絵にも描かれました。

中国では、月にはウサギではなくヒキガエルがいるとされています。

② Q 「浦島太郎」も、もとは中国の伝説なの？

A とても似た話があります。

中国の伝説に「爛柯（らんか）」というものがあります。あるとき、木こりが山のなかで数人の子どもたちが碁を打っているのを見つけます。木こりはしばらく子どもたちの碁を眺めていましたが、帰るように促されて村に戻ると、数百年が経っていて、知っている人は誰一人いなくなっていました。ちなみに、日本の「浦島太郎」は、初期の形では行き先が竜宮城ではなく、蓬莱（ほうらい）という中国における不老不死の理想郷でした。

---

③ Q 「織姫と彦星」も中国がルーツなら、中国神話では星も神様なの？

A 北斗七星や南斗六星は、神様とされています。

中国の道教では、北斗七星は北斗星君、南斗六星は南斗星君という神様だとされています。前者は厳格な性格で人間の「死」を司り、後者は温和な性格で人間の「生」を司っています。生と死を司るこの2柱の神様が許可をすれば、人間の寿命を延ばすことができると伝えられています。

北斗七星。

南斗六星。

日本、アフリカ、オセアニア、世界各地に残るさまざまな神話。

神々と人間の物語である「神話」がない地域は、世界のどこにもありません。
人が暮らしているところには神話は必ずあるのです。
もちろん日本にも……。

日本の神話はどういう内容なの？

A 日本の国土の成り立ちと天皇家のルーツを伝えています。

『古事記』や『日本書紀』、さらに風土記に記されている日本の神話では、日本の国土の成り立ちから、高天原（たかまがはら）という天界から地上にニニギノミコトという神様が降りてきて天皇家の祖先になったこと（天孫降臨／てんそんこうりん）などが記されています。また、『古事記』には「因幡の白兎」などの伝説も記されています。

「天之瓊矛を以て滄海を探るの図」（小林永濯）。イザナギとイザナミの2神は、漂っていた大地を完成させるために天沼矛でどろどろとした地上をかきまぜました。

② アフリカの おもしろい神話を 教えて！

A ドゴン族の神話は天文学の 豊富な知識を伝えています。

西アフリカで暮らすドゴン族に伝わる神話では、シリウスが連星であることや木星には4つの衛星があること、土星にリングがあることなどが伝えられています。これは西洋近代天文学が発見した知識と同じであり、とくにシリウスの連星は肉眼では見えないため、どうしてわかったのか謎とされています。

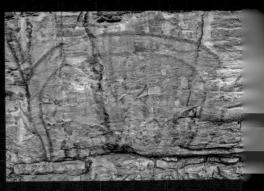

祖霊を表すドゴン族の仮面。

③ 先住民にも神話があるの？

A アボリジニの神話では、 あらゆる生き物の母は蛇だとしています。

オーストラリアの先住民（アボリジニ）の神話では、ユルルングル、あるいは「エインガナ」と呼ばれる蛇から、すべての生き物が生み出されたと伝えています。また、この蛇が地を這った跡が谷や川であり、空に輝く虹は、この蛇の姿だとされています。

オーストラリアの先住民が描いた蛇

★COLUMN★ 神話が描かれた 書物❼ 日本のまほろば『古事記』と『日本書紀』

現在、日本の神話として残っているエピソードのほとんどは、8世紀に成立した『古事記』と『日本書紀』ものです。この2つの書物は重複する内容もありますが、そのいっぽうで、記述が異なるエピソードもあります。

★ 写真提供クレジット

P10-11　　　Alamy/アフロ

P28-29　　　ALBUM/アフロ

P70-71　　　Alamy/アフロ

P80-81　　　Mary Evans/PPS通信社

P88-89　　　Mary Evans Picture Library/アフロ

P106-107　　Bridgeman Images/アフロ

P112-113　　New Picture Library/アフロ

P130-131　　SIME/アフロ

P142　　　　Alamy/アフロ

P148　　　　Alamy/アフロ

P150-151　　徳島市立徳島城博物館蔵

そのほかCreative Commonsなど

象の頭をしたヒンドゥー教の神ガネーシャの像

おわりに

『世界でいちばん素敵な神話の教室』はいかがでしたか?

名前しか知らなかった神々のことや
有名なエピソードについて、
興味をかき立てられたのではないでしょうか。

さらに理解を深めたい方は、
ぜひ個々の神話を読んでみてください。
神話の世界に触れれば触れるほど、
日常がより豊かなものになるはずです。

本書が神話の世界へのよき案内書になれば幸いです。

蔵持不三也

ケルト神話と関連づけられることもあるストーンヘンジ。

★ 蔵持不三也（くらもち・ふみや）

1946年栃木県今市市（現日光市）生まれ。早稲田大学第一文学部卒業後、パリ大学第4大学（ソルボンヌ校）修士課程修了（比較文化専攻）。パリ高等社会科学研究院前期博士課程修了（文化人類学専攻）。博士（人間科学）。早稲田大学人間科学学術院教授・モンペリエ大学客員教授などを経て、現在早稲田大学名誉教授。主な著書に『ペストの文化誌』（朝日新聞社）、『シャルラタン─歴史と譴謗の仕掛人たち』、『英雄の表徴』（新評論）、『奇蹟と痙攣─近代フランスの宗教対立と民衆文化』（言叢社）、『神話・象徴・イメージ』『ヨーロッパ民衆文化の想像力』（共著、言叢社）、『神話で訪れる世界遺産』（監修、ナツメ社）ほか多数。訳書『ラルース版世界宗教大図鑑』（アンリ・タンクほか、原書房）『パリ地名大事典』（ベルナール・ステファス、原書房）など多数。

★ 主な参考文献 （順不同）

- 『世界の神話伝説図鑑』フィリップ・ウィルキンソン編 井辻朱美日本版監修 大山晶訳（原書房）
- 『ビジュアル博物館 第77巻 神話』ニール・フィリップ著 松村一男日本語版監修（同朋舎）
- 『新装版 西洋美術解読事典』ジェイムズ・ホール著 高階秀爾訳（河出書房新社）
- 『名画で読み解く「ギリシア神話」』吉田敦彦監修（世界文化社）
- 『図説 北欧神話大全』トム・バーケット著 井上廣美訳（原書房）
- 『図解 ケルト神話』池上良太著（新紀元社）
- 『シヴァと女神たち』立川武蔵著（山川出版社）
- 『インド神話 マハーバーラタの神々』上村勝彦著（筑摩書房）
- 『いちばんわかりやすい インド神話』天竺奇譚著（実業之日本社）
- 『図説 古代マヤ文明』寺崎秀一郎著（河出書房新社）
- 『すぐわかる世界の宗教』町田宗鳳監修（東京美術）
- 『「世界の神々」がよくわかる本』造事務所著 東ゆみこ監修（PHP研究所）
- 『神話で訪ねる世界遺産』蔵持不三也監修（ナツメ社）

世界でいちばん素敵な

神話の教室

2020年12月1日　第1刷発行
2023年10月1日　第4刷発行

監修	蔵持不三也
編集・文	ロム・インターナショナル
編集協力	バーネット
写真協力	アフロ、PPS通信社、Adobe Stock
装丁	公平恵美
本文DTP	伊藤知広（美創）

発行人	塩見正孝
編集人	神浦高志
販売営業	小川仙丈
	中村崇
	神浦絢子

印刷・製本　図書印刷株式会社

発行　　　株式会社三才ブックス
　　　　　〒101-0041
　　　　　東京都千代田区神田須田町2-6-5 OS'85ビル 3F
　　　　　TEL：03-3255-7995
　　　　　FAX：03-5298-3520
　　　　　http://www.sansaibooks.co.jp/
facebook　https://www.facebook.com/yozora.kyoshitsu/
Twitter　　https://twitter.com/hoshi_kyoshitsu
Instagram　https://www.instagram.com/suteki_na_kyoshitsu/